府城守護者

臺南合同廳舍的時空記憶

市長序

大臺南文化資產叢書第九輯
致敬府城守護者「原臺南合同廳舍」

「防火」是一個城市發展過程中，與民眾身家性命息息相關的重要議題。臺南作爲臺灣最早開發的城市之一，其消防歷史發展最早可追溯至清領時期由地方仕紳擬定、知縣立碑告示的「防火章程」，這是臺灣史上最早的城市防火制度，而這塊石碑目前仍保存於大南門碑林。

日治時期，市區改正計畫進一步將近代的防火概念納入城市規劃，而有防火避難地（例如今市定古蹟原大正公園）、劃定防火線、設立消防高塔等措施。「原臺南合同廳舍」即在此城市規劃概念下，於日治時期一九三〇年代後期落成。一開始作爲消防隊、警察派出所、警察會館等單位的聯合辦公處所（即：合同廳舍），然而不論進駐機關如何更迭，消防單位始終是合同廳舍中長駐的一員。

隨著時代與科技演進，消防單位守護城市的範圍不僅只於火災現場，更擴及地震、颱風等各種災害的緊急救護。臺南合同廳舍是臺南逾八十年來消防史的重要見證，市府於一九九八年將其指定爲古蹟，並於二〇一九年修復完成。難能可貴的是，修復完成的合同廳舍，除了維持長久以來消防單位駐守的機能外，更進一步設置消防教育館舍——「臺南消防史料館」，透過豐富的消防文物、生動的展示，向大眾訴說發生在我們這座城市的消防故事。

空記憶》的出版，表達我們對這座守護臺南超過一甲子的古蹟最誠摯的感謝。書中詳實記錄了「原臺南合同廳舍」及周遭環境的發展與變遷，以及臺南消防制度與歷史的演進，是大眾認識「臺南城市守護者——原臺南合同廳舍」的最佳入門書。

臺南市長　黃偉哲

0
0
7

局長序

走進臺南合同廳舍，探索府城的發展與變遷

臺南自荷治時期至今，歷經不同政權更迭，積累成豐厚的城市空間紋理，也形塑古都獨特的文化底蘊與城市風貌，其中，以大正公園圓環及其周邊的府城舊城區最具代表性。爲妥善保存、活化珍貴的歷史文化空間，在文化資產的指定、保存之外，文化局於二〇一七年將含括大部分臺南舊城區範圍及五條港等地區劃定、公告爲「府城歷史街區」。

在古蹟林立的「府城歷史街區」中，位於大正公園圓環旁的市定古蹟「原臺南合同廳舍」以其沉穩堅毅，在逾八十年的歲月中扮演著街區中獨一無二的「守護者」。臺南合同廳舍落成於一九三〇年代，選址於當時臺南市區地理位置的制高點，在不同時期皆有消防單

位駐守，肩負府城街區及市民安全的守護責任至今。

透過大臺南文化資產叢書第九輯—《府城守護者：臺南合同廳舍的時空記憶》的出版，我們期望能將合同廳舍及其周邊街區發展的故事，傳遞給更多喜愛臺南歷史文化的人們。知名史學作家吳建昇以其深厚的歷史學素養，梳理清領時期以降龐雜的歷史文獻，輔以實地田野調查後，轉譯爲脈絡清晰、易讀的圖文。

《府城守護者：臺南合同廳舍的時空記憶》書寫的不僅是一座古蹟的形制特色與生命歷程，更重要的是它見證臺南市如何透過都市規劃、防災制度設立等方式，攜手守護這座城市。

臺南市政府文化局 局長

葉 澤山

處長序

帶你從不一樣的視角看古蹟

《府城守護者：臺南合同廳舍的時空記憶》

古蹟是一座城市的珍貴記憶，而曾經存在於其中的文物，則是潛藏於記憶中細膩而生動的故事細節。在臺南市文化資產管理處輔導的古蹟修復個案中，原臺南合同廳舍是少數建築硬體修復工程與文物普查工作同步執行的案例。建築的修復，讓合同廳舍得以再現其古蹟風采；文物普查則為建置於其中的消防史料館，提供了豐富、細緻的內容素材，讓關於合同廳舍與臺南這座城市的故事得以被更多大小朋友認識。

「大臺南文化資產叢書」第九輯特別邀請長期投入臺南文化資產研究，同時也是義消子弟的吳建昇老師，撰寫《府城守護者：臺南合同廳舍的時空記憶》，透過嚴謹的史料梳理及田野調查，將原臺南合同廳舍的地理環境變遷、歷史沿革，轉換成主題化的精采圖文，帶著讀者搭上時光列車，重回一九三〇年代，看合同廳舍如何守護臺南這座城市。

《府城守護者：臺南合同廳舍的時空記憶》書中不僅記述合同廳舍的歷史、分析其建築風格與特徵，更從城市規劃與發展的角度，探討清領時期至今，「消防」觀念與制度的變遷，及其如何影響臺南這座城市的空間紋理擘劃、形塑城市樣貌。

竭誠邀請各位讀者和我們一同翻閱《府城守護者：臺南合同廳舍的時空記憶》，從「消防」的視角認識臺南這座城市，以及守護臺南逾八十年的市定古蹟「原臺南合同廳舍」。

臺南市文化資產管理處 處長
林喬彬

序

風華再現，老建築的當代重生

「原臺南合同廳舍」，對許多臺南人來說，或許是一個十分陌生的名字，不過如果提起在民生綠園旁的消防隊，我想在臺南長大的孩子，一定會有深刻的印象：雄偉的高塔建築、斑駁的白色牆面、威風凜凜的大消防車，以及在圓拱門上顯眼的紅色「119」圖案。這些醒目的標誌圖示，可能是許多人對這棟老建築的共同記憶。特別是對身爲義消子弟的筆者而言，每次經過這裡，端詳著偌大的消防標誌，心裡總會浮起一陣親切以及無比的驕傲。

長久以來，除了存在最久的消防隊以外，這棟老建築還曾經有許多不同的機關進駐，像是與當地人有密切關係的「民生派出所」，老臺南人可能曾在民生路一側「空軍新生社」的餐廳用餐，內政部保五總隊、市警局少年隊與婦幼隊等機構，也曾以這裡為辦公場域。在更古老的日本時代，這裡曾經是臺南市「消防組詰所」、「錦町警察官吏派出所」、「臺南州警察會館」等單位的辦公處。如此豐富多元的政府機關陸續進駐，其實正顯示「臺南合同廳舍」從設置的初始就是被規劃做為不同單位的聯合辦公處所。

「原臺南合同廳舍」，興建完成於現代主義建築盛行的一九三〇年代後期，落成迄今已有八十多年。這是座充滿現代風格的老建築，已於一九九八年六月二十六日被臺南市政府公

序

告爲「市定古蹟」。而在二〇一九年完成古蹟修復工程後，目前除仍持續做爲「臺南市消防局第七大隊中正分隊」的進駐地。在民生路一側的部分空間則被整理成「臺南市消防史料館」，不僅依原有消防用途繼續使用，具有見證臺南消防史的意義與價值外，在老建築完成修復之後，也能夠再現古蹟文化新風貌，並藉此推廣消防安全教育的重要性。

本書撰寫期間，正好是在「原臺南合同廳舍」整修工程逐漸完工、新設展館落成使用之際，筆者非常榮幸可以投入本書的編撰工作，以拙筆見證與紀錄這棟老建築再現風華的歷程。本書大抵以時間爲縱軸，並擴及空間環境的介紹，最後再針對建築進行細部介紹，主要分爲三個章節：原臺南合同廳舍的所在地；原臺南合同廳舍的設置與其後的發展；原臺南合同廳舍的建築概述等。期待本書能夠補充史料館內的背景介紹，讓讀者朋友能進一步認識這棟建築的歷史發展與文化價值，更期望拋磚引玉，召喚更多年輕學者投入臺南消防歷史及老建築的調查研究。又本書編修審閱過程極盡謹慎，唯筆者才疏學淺，錯誤遺漏之處或所難免，敬希方家暨讀者不吝指正，是所企盼。

本書得以完成，首先必須感謝臺南市政府文化局葉澤山局長、文資處林喬彬處長以及總編輯黃文博校長的邀約，審查委員陳嘉基老師的用心審閱並提供專業意見，編輯郭怡均小姐的奔走辛勞。接著，非常感謝本書的幕後推手——蔚藍文化的各位夥伴，總編輯廖志墭（可樂）的整合規劃，編輯潘翰德的潤飾校稿，編輯林韋聿協力出版流程，因爲你們的付出才讓這

序

本書變得更好。此外，感謝《聚珍臺灣》王子碩老師的探討攻錯並提供照片，府城文物收藏家郭宣宏老師提供珍貴的明信片，學生及助理余宗岳、吳翊瑄的參與協助，兩位老同學臺南市消防局莊家銘、臺南市警察局李旼暾的聯繫幫忙。感謝「臺南市消防局」及「中正分隊」的各位長官、「臺南市消防史料館」解說老師，以及所有協助這本書完成的諸位好友。最後則是要感謝國立嘉義大學應用歷史學系池永歆主任等師長同仁及所有同學的支持，還有一路相伴打拚的長官及前輩：許獻平老師、王素滿老師、李國殿組長、詹評仁教授、柯如蓉老師、金智學長、王御風學長、杜正宇、王世宏、陳志昌、吳明勳、楊芸庭、余文章、王杏珠、蘇白梅及郭珈妏等好友們的驅策勉勵。特別感謝我的父母、岳父母、家人、內人陳美秀小姐與我最可愛的兩個寶貝——宇勛、宇蕎在生活與心靈上的支持，還有許多在文化工作領域默默耕耘的夥伴們，謹此致上最誠摯的謝意與敬意。

最後謹以本書獻給我的

父親吳清村

母親郭永美。

吳建昇

目次

臺南市直轄市定古蹟・

原臺南合同廳舍

古蹟名稱 ■ 原臺南合同廳舍
所屬主管機關 ■ 臺南市政府
所在地理區域 ■ 臺南市中西區
地址或位置 ■ 中正路二之一號
土地使用分區或編定使用類別 ■ 都市地區　保存區
所在地地號 ■ 中西區中正段一小段一地號、中西區幸段一小段74-1號與中西區錦段一小段103、106-1、109、110、111地號
文化資產類別 ■ 古蹟
級別 ■ 直轄市定古蹟
種類 ■ 其他設施
公告日期 ■ 一九九八年六月二十六日
公告文號 ■ 八七南市民文字第二零二八三號

評定基準

■1·具歷史、文化、藝術價值
2·具稀少性，不易再現者
3·具建築史上之意義，有再利用之價值及潛力者

指定／登錄理由

■建於一九三八年，具三〇年代主要建物風貌，中央高塔瞭望臺，在本市消防史上有特別意義，爲目前臺灣少數保存下來原日據時期消防設施。

法令依據

■依據《文化資產保存法》（中華民國七十一年五月二十六日總統令公佈）第二十七條

創建年代

■1·〔日〕昭和五年（一九三〇）興建六層樓高的中央高塔
2·〔日〕昭和十二年（一九三七）興建高塔兩側擴建加強磚造的「合同廳舍」，隔年（一九三八）五月十九日完工落成

臺南市直轄市定古蹟・原臺南合同廳舍

管理人／使用人 ■臺南市消防局

所有權屬 ■土地所有人－公有－中華民國、臺南市
建築所有人－公有－中華民國、臺南市

歷史沿革 ■原臺南合同廳舍的建造過程，可以劃分成兩個時期。

第一期在（日）昭和五年（一九三〇）五月建造完成的臺南市御大典記念塔，即所謂臺南市「消防組詰所」的六層塔樓建築，初名「火見樓」後改稱「望火樓」；第二期為（日）昭和十三年（一九三八）四月完成的合同廳舍，保留了望火樓，將左右翼擴建及增高樓層而成的三樓建築。臺南合同廳舍的完成，具有時代標誌意義，原因是當時的日本已經為投入太平洋戰爭做準備，一但戰事爆發，位於大東亞共

榮圈的臺灣必將成為受創的重點。為加強防衛力量，及時控制災情，遂有擴編消防體制，廣招消防人員的措施。

二戰後的一九四五年，消防組由警察接收，臺南市警察局保安課指揮監督，並改名為「臺南市警察消防隊」。後來因為大多數的日本消防人員已遣送回國，警民協會理事長侯全成便招募已遣散的日治時期義勇消防隊員，於民國三十七年（一九四八）創立義勇消防隊，這是二戰之後臺南第一支消防隊。民國四十一年（一九五二）六月，義勇消防隊改組為民防總隊義消大隊，又在次年撤銷並縮編為義勇消防隊。民國五十七年（一九六八），義消改編為五個區隊。隔年成立臺灣省消防協會臺南分

臺南市直轄市定古蹟·原臺南合同廳舍

會。民國八十七年（一九八八），經臺南市政府公告指定爲市定古蹟，正式名稱是「原臺南合同廳舍」。原臺南合同廳舍在民國一〇四年（二〇一五）二月間開始進行建物修復工程，後來歷經工程延宕、變更設計及重新招標等波折後，終於在民國一〇八年（二〇一九）四月十五日被建置爲「臺南市消防史料館」，不僅再現古蹟新風貌，更藉此推廣消防安全教育。

外觀特徵

■第一期「消防組詰所」的建築，由較寬的一層平面及方形的六層望火樓組成。以方形平面向上微微收殺，至頂層四邊伸出工作平臺；稍退入平臺邊緣的四周，以鐵質欄杆圍繞，防止不慎摔落。平臺中央的頂層，室內較下層收縮許多，爲守望者執事的空間，屋頂有略爲突出的挑檐，其中的一個角落上掛著火事發生時用以敲擊的警鐘（日文稱為「半鐘」）。塔身四邊中央有三分之一寬做成略為退凹的直立牆面，正面開兩樘直立長窗及最頂上一樘圓拱窗，側面則用盲窗。窗臺以外的牆面，由一樓至頂樓均用橫向寬溝紋，使建物外觀呈現如石砌般的厚實感。由於這是日治昭和時期所建的官廳，不會用赤煉瓦，可以想見用「國防色」貼面煉瓦的可能性極高。

至於第二期「消防組」的建築，為日治昭和十三年（一九三八年）完成的臺南合同廳舍，則是在望火樓的框架之上，做出水平和立體的修正與擴增。在外觀上，以女兒牆及各層窗臺嵌邊的水平飾帶與稍微突出的立體望火樓相呼

室內特徵

應，並以寬大的木窗及外包的望火樓牆體造成繁簡對比的現代感。尤其全館的轉角正面，不僅有柱墩形的美術柱，還具備了精雕細琢的雨庇及嵌邊、約略脫離古典柱式的門柱，強調主要入口的象徵意味十分濃厚。

■原臺南合同廳舍的建築是由消防組詰所、錦町警察官吏派出所及臺南州警察會館等三個部分構成，由於辦公機能不同，所以各有其入口，空間使用上也相互獨立。

望火樓及其右側空間爲消防組詰所，包括可供雲梯車出入的車庫以及後方的庫房，其中車庫是整座建築裡，空間最大，也是最高的，舊時設計的容量約可停六部消防用自動車。望火樓左側的轉折空間是錦町派出所，這裡居於轉折之地而有眼觀四方的寬廣面闊和以轉角爲入口的特徵，室內空間也是開闊的廣間。派出所左側是佔地最廣、面積最大的警察會館，由於經常有很多人出入，所以門口退凹，並設踏階五步，前立雙柱，成爲檐廊式的入口空間。

二樓平面是以環圍六角形中庭四周的走道爲主，由三座樓梯相互連通，做爲垂直交通的聯繫動線。三樓以榻榻米構成的居室爲主，大部分作爲宿舍使用。空間機能以望火樓爲分界各自獨立。一、二、三樓的整體平面空間佈局自由而且沒有上下接續的必然性，是這座建築的主要特色。近年來，在不同單位的各種需求及使用下，隔間大量變更，幾乎完全脫離原有形式與功能。

參考資料：

文化部文化資產局網站、
臺南市文化資產管理處網站

第一章 前言

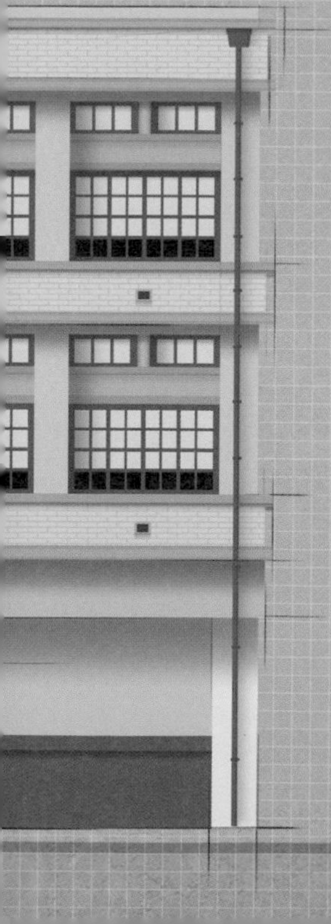

前言

市定古蹟「原臺南合同廳舍」，座落在府城地勢最高的鷲嶺之上，在日人所用心經營的新臺南市中心——大正公園——之西側，其創建分爲兩個時期：首先是日治昭和五年（一九三〇）五月落成的「御大典記念塔」。雖然是爲了慶祝昭和天皇登基紀念所建造，不過這一座六層樓高的塔樓建築，實際爲當時臺南市警戒瞭望火災的「火の見櫓」（亦即「火見樓」或「望火樓」），也是「消防組詰所」的辦公處與消防器材的倉庫；之後在昭和十二年（一九三七）五月，日人爲了興建「臺南州警察會館」，決定將「消防組詰所」與「錦町警察官吏派出所」納入興建規劃，於是在保留「御大典記念塔」的框架與條件下，進行水平和立體的修正與擴增，興築了一座三層樓高的「臺南合同廳舍」。這座建築落成迄今已有八十多年的歷史，不同於具傳統古典元素的西洋歷史式樣建築，這是一座充滿現代風格的建築，可以說是臺灣早期現代主義建築的代表之一。

不過約在民國七十一年（一九八二），臺南市政府進行「民生路－安平路」拓寬工程之際，先是拆除了此棟建築的北側外牆立面。其後進行外牆立面重建時，又將一樓臨路處打通成四點三四公尺寬的騎樓，大幅縮減了原有建築的空間範圍，這是本建築自興建以來最嚴重的破壞。民國八十七年（一九九八年）六月二十六日，臺南市政府以「原臺南合同廳舍」之建築造型特殊，且歷經數十餘年歷史歲月，仍能按原用途繼續使用，具有見證臺南消防史的意義與價值，遂公告將本建築指定為「市定古蹟」，總算賦予這座建築重要的文資身份。

在「原臺南合同廳舍」被指定為市定古蹟之後，不僅受到許多學術界或文化界的重視，也吸引許多市民百姓的關心。這座建築在當時仍由警察及消防單位持續使用，不過臺南市政府卻已經開始規劃未來的發展。民國九十二年（二〇〇三）九月即委託楊仁江建築師完成調查研究與修護計畫，其時已提出爲落實古蹟修復及有效再利用，建議將右側原爲派出所、女警隊、少年隊使用空間，規劃建置爲「消防史料館」。只是實際修復工程卻又遲至民國一〇一年（二〇一二）才開始進行，之後由臺南市消防局向中央文化部提報修繕計畫。工程計畫在民國一〇三年（二〇一四）三月完成設計，並於民國一〇四年（二〇一五）二月間開始進行建物修復工程。後來因工程延宕、變更設計及重新招標等過程，歷經五年多，終於在民國一〇八年（二〇一九）完成整修，並在民國一〇八年（二〇一九）四月十五日將本建築北棟部分空間建置成爲「臺南市消防史料館」，不僅再現古蹟文化新風貌，也能藉此推廣消防安全教育，對於想進一步了解這座古蹟的朋友，必定非常感動與欣喜。

筆者在二〇一七年有幸得到臺南市政府文化局及黃文博校長的邀約，展開本書的撰寫工作，內容主要以史料文獻的蒐集與整理爲主，並結合採訪與田野調查成果。除了相當倚重前述二〇〇三年楊仁江建築師所著《臺南市市定古蹟——臺南合同廳舍調查研究與修復計畫》之外，「臺南市消防局第七大隊中正分隊」的消防弟兄及「臺南市消防史料館」的展示與解說人員也提供本人許多重要的資訊與歷史認知。期望在前輩學者的研究成果與諸好友所提供的豐富素材之上，透過詳實完整的介紹，讓讀者得以更清晰地認識「原臺南合同廳舍」的歷史發展與建築特色，且進一步達到拋磚引玉的效果，吸引更多朋友，一同來關心本市古蹟及文化資產的保存工作。

本書將聚焦在「原臺南合同廳舍」的所在環境、興建緣由及其歷史發展，並以專章探討本廳舍的建築特色。除前言與結語外，內文共分三章：首先探討本建築所在鷲嶺南坡一帶的地理位置與清代以前的歷史發展，藉此了解本建築的環境狀態及變遷；其次介紹原臺南合同廳舍的設置緣由與其後的發展，論述本建築在日治及戰後以來的歷史沿革，包含日治初期市區改正下的「火防線」和小公園、臺南市區計畫中的「大正公園」與「御大典記念塔」、一九三〇年代「臺南合同廳舍」的出現，以及戰後的歷史變遷等，讀者將可藉此進一步認識本建築的歷史變革；最後則是以三小節介紹本建築的重要特色，分別為：現代主義建築與臺南合同廳舍的設計、「御大典記念塔」的消防意義與建築特色、「臺南合同廳舍」的建築特色及目前情況。

在投入撰寫本書的兩年期間，筆者時時深感資料之不足，且受限於時間與才學，文中遺漏誤謬之處恐不能免，有待將來進行更深入、完整的研究及田野調查工作始能漸趨完備，惠請諸位學者專家、社會賢達與博雅讀者不吝指正。

第二章

原臺南合同廳舍的所在地

原臺南合同廳舍的所在地

日本時代興建的「原臺南合同廳舍」位於府城「鷲嶺」南坡與西南坡之間，鷲嶺一帶爲臺南舊城地勢較高的地方，也是歷史上較早開發的區域。南坡雖然不如北坡如十字街等處繁華熱鬧，不過自十七世紀以來「原臺南合同廳舍」所在的周圍也逐漸成爲人群聚集之地，可以說是府治內重要的歷史舞臺。本章主要介紹鷲嶺南坡及西南坡的環境及早期發展歷程，也會涉及地理形勢與清代以前的發展變遷，讀者可藉本書的介紹瞭解原臺南合同廳舍所在周圍的環境與史地背景。

（一）地理環境

「原臺南合同廳舍」位於府城鷲嶺南坡及西南坡之間，鷲嶺主峰在大上帝廟（北極殿）後殿的天心堂，因此在大上帝廟往南至福安坑溪間都屬於「鷲嶺」南坡的範圍，大抵是現今民權路以南、府前路以北、東在南門路至開山路之間、西在忠義路至永福路之間的土地。01

臺南市舊城區位於臺南臺地西側，地勢東高西低，原來可能堆積分布著許多海岸沙丘（或稱風砂高地），02 又受到德慶溪與福安坑溪下切作用的影響，致使地形高低起伏，03 其中有七處地勢較高的山丘，就是著名的「府城七丘」，又因排列如鳳凰展翅，亦稱「鳳凰七丘」，包括：在今北極殿、測候站一帶的「鷲嶺」；在今赤崁樓一帶的「赤崁」；在今衛生福利部臺南醫院、火車站一帶的「覆鼎金」；在今開基玉皇宮一帶的「尖山」；在今延平郡王祠南邊一帶的「山仔尾」；在今東門圓環一帶的「山川台」；以及在今臺南一中至東門圓環一帶的「崙仔頂」。04 城外也有三處高地：北門城外鄰近柴頭港

02　按，海岸沙丘的形成可能與河流輸沙或風沙堆積有關。

原臺南合同廳舍的所在地

溪的「馬房山」；東門城外今虎尾寮一帶的「崁頂山」；南門城外近五妃廟的「桂子山」（或稱魁斗山、鬼子山），府城就在這三座山丘所包覆的範圍之內。

這些分散在臺南府城周圍的高地沙丘，只是地勢相對較高的緩坡，不過可能地質土壤不適合植物生長，早期臺南府城周圍缺乏高大樹林，地貌單調而缺少變化。〔南明〕永曆十八年（康熙三年，一六六四）的「臺灣軍備圖」就特別標示：「承天府乃總地號……此地皆沙，並無山石樹木」[05]；且農作物在沙地上生長不易，風起塵土飛揚，遇雨處處泥濘。郁永河的《裨海紀遊》也提到：「雖沿海沙岸，實平壤沃土，但土性輕浮，風起揚塵蔽天，雨過流為深坑。」[06]由此可見，這些分布在臺南府城周圍的低緩小丘，過往可能有更顯著的高低落差，如清代築宅建亭於鷲嶺南坡的府城名士林朝英，在「一峰亭」木匾上有〈序〉云：「予徙倚於亭，獨旦暮遇之，巍然聳出，巋然特存，蓋自有此峰」[07]，可知當時

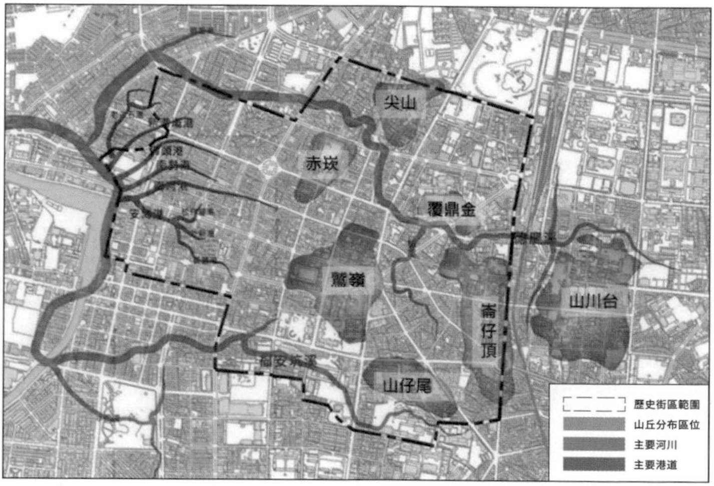

府城區歷史街區清代自然環境示意圖

資料來源：曾憲嫻主持，《臺南市府城歷史街區計畫書》，臺南市政府文化局，頁 73

原臺南合同廳舍的所在地

「一峰亭」木匾之拓碑

資料來源：臺南市文化資產保護協會，《臺南市舊城區文化資產歷史考古普查計畫》，網頁：tncpa2017.pixnet.net/，查閱日期：2019.09.14

鷲嶺一帶地勢較高、聳立特出，遂使此地有「一峰」之稱。只是因缺乏高大樹林或農林作物的遮蔽，又經過數百年的都市開發，在視覺上已難體會序言所描述的景致。然而當我們在巷弄間行進時，仍然可以感受地勢起伏的細微變化。

若就地理學上探究，鷲嶺應該是從崙仔頂向西延伸而來的小丘，只不過因爲東側受到德慶溪及支流溝仔底溪的分割，西南處又被福安坑溪下切，遂形成一座孤立小山。這座小山不僅是府城兩條主要溪流的分水嶺，也是舊城區內地勢最高的地方，在前述府城七丘間更居於中央樞紐的位置，具有重要的地理標誌意義。清初沈光文〈平臺灣序〉中已如此記載：「嶺後嶺前，閭閻接地；舊渡新渡，舸艦聯雲」[08]，可見在十七世紀時，這座小丘就已存在著繁榮街市，並向東延伸形成「嶺後街」，鷲嶺自然成爲府城重要的地標。

如果再以中國傳統的風水堪輿之術考察，一般會認爲府城的龍脈自東而來，經山川台、崙仔頂、山仔尾、鷲嶺一線爲主龍，在赤崁這裡結爲龍首。以山仔尾、桂子山爲左砂，以覆鼎金、尖山爲右砂。主龍與左右砂間的溪流，在左側是德慶溪，在右側是福安坑溪，以二溪爲界，形成「山龍奔海」之勢。爾後也有地理師以主龍爲鷲身，左右砂爲兩翼，鷲鳥之身則稱爲鷲嶺，使得這幾座沙丘形成「展翅鳳凰」的圖象，儼然成爲風水吉地，這也是府城被稱爲「鳳凰城」的原因之一。[09]

荷鄭以來，鷲嶺四周就存在著許多重要的官民建築或著名廟宇。像是清代就有臺灣道署衙門（今永福國小）、北極殿、天壇、孔廟、龍王廟、三界壇、三官堂、五帝廟、重慶寺、溫陵廟、鄭氏家廟等；日治初期先有臺南測候所（今臺南氣象站）的設置，又隨著日人市區改正的實施，在鷲嶺周圍又出現臺南州廳（今國立臺灣文學館）、臺南州會、臺南警察署（今臺南美術館）、大正公園及兒玉壽像（今湯德章紀念公園）、臺南武德殿（今忠義國小禮堂）、公會堂（今吳園）、臺南

原臺南合同廳舍的所在地

嘉慶十五年（一八一〇）台陽陳琇所獻「鷲嶺」古匾

咸豐四年（一八五四）府城商行乾德號負責人蔡捷陞所獻「鷲嶺古地」古匾

郵便局、嘉南大圳組合事務所（今嘉南農田水利會）、林百貨、日本勸業銀行臺南支店（今土地銀行臺南分行）、臺灣商工銀行臺南支店（今第一銀行臺南分行）、臺灣銀行臺南分行（今華南銀行臺南分行）等，以及本書主角「臺南合同廳舍」，這些重要建築都座落在鷲嶺周圍，顯見這個地區在整個臺南府城的重要地位。

（二）荷鄭以前的歷史發展

鷲嶺周圍在很早以前就有人類居住活動的遺跡，日治時期的人類學者鹿野忠雄在鷲嶺西南坡的臺南郵便局一帶發現貝塚遺址及石器等出土文物。[10] 十六、十七世紀時，漢人及荷蘭人來臺之際，包含鷲嶺在內的臺南舊城區一帶，原來是屬於平埔族西拉雅族「新港社群」的活動及勢力範圍，學界一般認為這裡是新港社的原居地。[11] 當時部落族人以耕作、狩獵、漁撈和採集等經濟活動爲主，擁有自己的

原臺南合同廳舍的所在地

宗教信仰、文化習俗及社會組織，與周圍其他平埔族社則維持著敵對關係。雖然可能跟前來此地捕魚、貿易的漢人或日人有所接觸，進行通商貿易甚至通婚，不過大抵仍維持與自然環境共生的原始生活。[12]

鷲嶺的大規模開發主要與荷蘭人來臺有關。一六二四年，荷蘭人將商館遷往赤崁地方，並將之命名爲「普羅民遮」（Proventia），以紀念荷蘭獨立時期的七州聯盟，並計畫在新建市鎮設置街道及水道等設施。[13] 一六二五年九月，荷蘭人將北汕尾商館與漢人遷往赤崁一帶發展。當時從古臺江內海沿岸渡口的大井頭，闢建了一條直線向東的「長街」（或稱爲「普羅民遮街」），此即今臺南市民權路在永福路至公園路間的一段）。從大井頭到鷲嶺一帶，荷蘭人在街道兩旁建有宿舍、倉庫、醫院、城砦等。至於鷲嶺西北方的禾寮港（也就是德慶溪下游一帶）則是漢人街市所在，當時有多達三、四十間的漢人房舍，此即所謂的「禾寮港街」[14]。而後隨著荷蘭人在赤崁地方推

一六四四年「荷蘭人所繪赤崁耕地與道路圖」局部

資料來源：臺江國家公園，《縱覽臺江——大員四百年地輿圖》，頁 52–53。

11 業師石萬壽教授認為今日臺南市衛民街 143 巷就是赤崁社的公界內街。

13 首任臺灣長官宋克曾向荷蘭東印度公司呈附 1 張市鎮設計圖，顯示赤崁地方已經有一定程度的都市計畫，可惜目前尚未發現這張設計圖。又，據張守真教授所告知，「熱蘭遮城」（Zeelandia）的地名由來，跟今日荷蘭西南的澤蘭省（Zealand）有關。

14 禾寮港街，因位於禾寮港附近而得稱，範圍約在今臺南市忠義路二段 158 巷口到成功路之間。據業師石萬壽教授告知，禾寮港為德慶溪下游的溪段，德慶溪與溝仔底溪水合流後稱為禾寮港，其中現今民族路與成功路之間的溪段已地下化。荷蘭時代因取水容易，故有不少漢人沿港道兩岸居住，為早期普羅民遮地區最重要的街道之一。

動農業發展，大量引進漢人農工（俗稱「公司仔」），使赤崁地區的開發更加興盛，逐漸成爲福爾摩沙島上僅次於大員的經濟中心。[15]

當時赤崁地區的開發，可能以禾寮港（漢人街）至鷲嶺北坡大井頭（荷蘭街）一帶爲主要範圍，[16]至於「原臺南合同廳舍」的所在地（鷲嶺南坡至西南坡之間）在當時似乎仍是較未開化之處。參照一六四四年「荷蘭人所繪赤崁耕地與道路圖」可以發現，在赤崁耕地中央有兩條向東延伸的道路，北側道路向東延伸後分叉出三條支線（可能通往今永康、新化等墾區），這應該就是前述從大井頭向東延伸、在鷲嶺北坡的「長街」；南側的道路則沿著河流北岸，從河口先向東、再向東南方延伸，這應該是福安坑溪北側的古道（可能通往歸仁舊社街等墾區），當時「原臺南合同廳舍」可能位於北側道路的偏南處，在早期地圖中，這區塊幾乎一片空白，似乎也很符合前述鷲嶺南坡較少開發的情況。[17]

臺南鄭氏宗祠現況　資料來源：吳建昇提供

原臺南合同廳舍的所在地

鄭氏時期，鷺嶺的開發大抵延續了荷蘭時代的情況，仍以北坡爲主，並開始逐漸向南延伸。據蔣毓英《臺灣府志》所載：「經嗣立，改東都為東寧，二縣為二州，設安撫司三：南、北路，澎湖各一。於是興市廛，搆廟宇，新街、橫街是其首建之處。」[18] 顯示府城市街在原有荷治時期的規模上，又出現了新街、橫街。之後鄭氏便以大街（清康熙末以後稱「十字街」）為界，「設四坊以居商賈」，四坊係指東安、西定、寧南、鎮北等四坊，使鷺嶺北坡取代大員（安平）成為臺灣最主要的商業中心。又《蔣志》還記載了：「臺灣縣有嶺後街、油行街，在東安坊」[19]，可見「長街」的商業範圍已向東擴展。

「原臺南合同廳舍」周圍的記載卻不多，其中最重要的應爲永曆十九年（一六六五）由參軍陳永華所提議設置的「先師聖廟」（即孔廟、文廟，設有學校），據江日昇《臺灣外記》所載：「擇地興建聖廟，設學校。於承天府鬼仔埔上，鳩工築豎基址，大興土木起蓋」[20]；又有永曆十七年（一六六三）由鄭經所建、奉祀鄭成功的先王廟（又稱大王廟、延平王廟），這就是在鷲嶺西南坡的鄭氏家廟（鄭氏宗祠）；又有「二王廟」，遺址位於今日的臺南美術館（原龍王廟、臺南警察署），雖據《蔣志》所稱其主祀神為代天巡狩的王爺，所謂：「云神乃代天巡狩之神，威靈顯赫，土人祀之，內有寧靖王行書扁『代天府』三字。」[21] 不過「二王」在臺南一般被認為是指鄭經，[22] 即應為奉祀鄭經的專祠；又在今日林百貨東鄰處有「觀音堂」一座，因內祀有五帝，清領之後遂改稱「五帝廟」，日治以後遷至忠義路今址。[23]

22 例如今日永康二王廟的主祀神明是鄭府二王爺，目前大多認為這位神祇就是鄭經。

原臺南合同廳舍的所在地

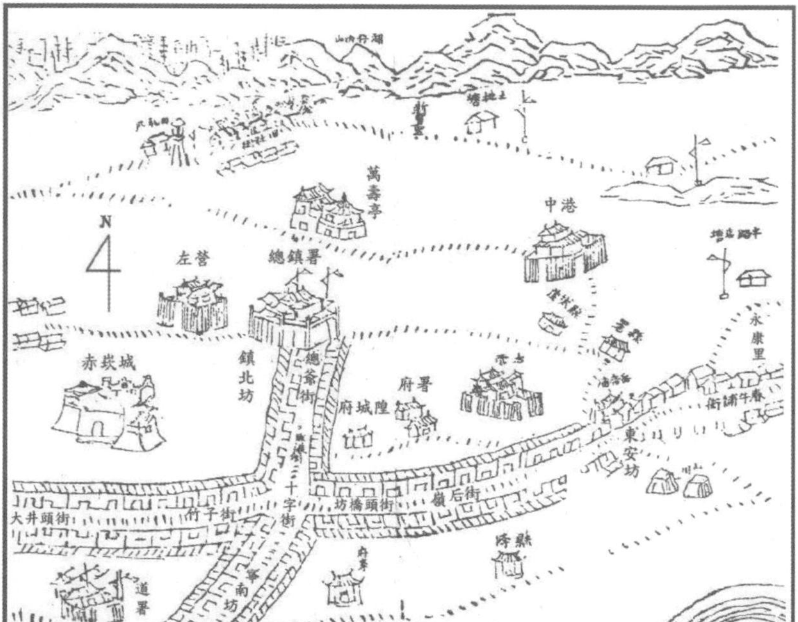

康熙末年府治十字街圖。圖紙上原臺南合同廳舍周圍沒有太多標誌

資料來源：陳文達，《臺灣縣志》〔1720〕，〈卷首．輿圖〉

（三）清領時期的歷史發展

1、康熙、雍正年間

康熙二十二年（一六八三）六月，施琅領兵攻打澎湖。取得勝利後，臺灣方面隨即派員至澎湖向施琅傳達投降之意，鄭氏政權至此宣告終結。由於施琅奉旨攻臺，居平臺首功，且在臺灣事定之後，清廷於臺灣棄留仍存有爭議，故有近一年的時間未派遣官員來臺治理，征臺將領無不視臺地為禁臠。加以大量人口內遷，造成施琅所謂「人去業荒，勢所必有」的情形，[24]使得前政權遺留下來的官民房地產業，有許多遭到施琅及其部將侵占。當時明朝宗廟為施琅所佔，鷲嶺一帶則為副將吳英所據，等到施琅被康熙皇帝斥為「恃功驕縱」後，施琅及吳英等人才紛紛退出，不過吳英的族人仍佔據鷲嶺的部分土地，並在上帝廟附近建宅居住。[25]

臺灣隸清後，一度因為人口大量遷離而造成市街出現「井里蕭條、哀鴻未復」[26]的景象。不過在文武官員努力招徠之下，人口迅速增加，逐漸填補人力不足的空缺，街市也逐漸恢復到過往人群聚集、喧囂鼎沸的繁華景象。由於臺南府治是清代臺灣行政與軍事中心，安全與環境衛生最適宜移民居住，因此成爲臺地人口最密集的地方。[27]當時府城仍以鷲嶺北坡最爲熱鬧興盛，沛然興起的十字街（即大街，今民權路與忠義路交界），不僅成爲各街市相對方位的指標，更是最重要的商業中心。至於鷲嶺南坡一帶，康熙末年以前在東南方新增了一處聚集販賣木杜商行的商街——「杜仔行街」（今府中街），西南方新增了一處「安海街」（今中正路與友愛街之間的忠義路東緣），推測可能是晉江安海人所聚集的地方。

---

27 據施添福教授的估計，當時臺灣府城僅行政與軍事人員的總和就多達5至6千多人，如果再加上為服務上述人員所增加的非基本部門人口，總數必然更多。

又，清初本區周圍也有許多重要的建設或開發，除了曾在孔廟內持續進行許多增築工程外，康熙五十九年（一七二〇）巡道梁文煊在府學之西新設「海東書院」（曾一度做爲歲科校士所），不過書院在乾隆十五年（一七五〇）先遷至縣署旁（今赤崁樓一帶），乾隆三十年（一七六五）又於府學西側重建。康熙五十五年（一七一六）臺廈道梁文科將「二王廟」舊址重新擴建爲「龍王廟」。清末以前，龍王廟一直是本地重要的地理指標。[28] 原臺南合同廳舍附近的重慶寺，相傳草創於康熙六十年（一七二一），原奉祀觀音菩薩，道光元年重修後才改成現在的名稱。[29]

此外，今日林百貨北邊、原道署南側，在清初曾有主祀關聖帝君的「關帝廳」（康熙年間建，道標營兵祀，在道署左）、主祀觀音菩薩的「觀音堂」（建於雍正二年〔一七二四〕，巡道吳昌祚建，在道署東南隅）、主祀魁斗星君的「魁星堂」（建於雍正四年〔一七二六〕，巡道吳昌祚建）等。[30]

原臺南合同廳舍的所在地

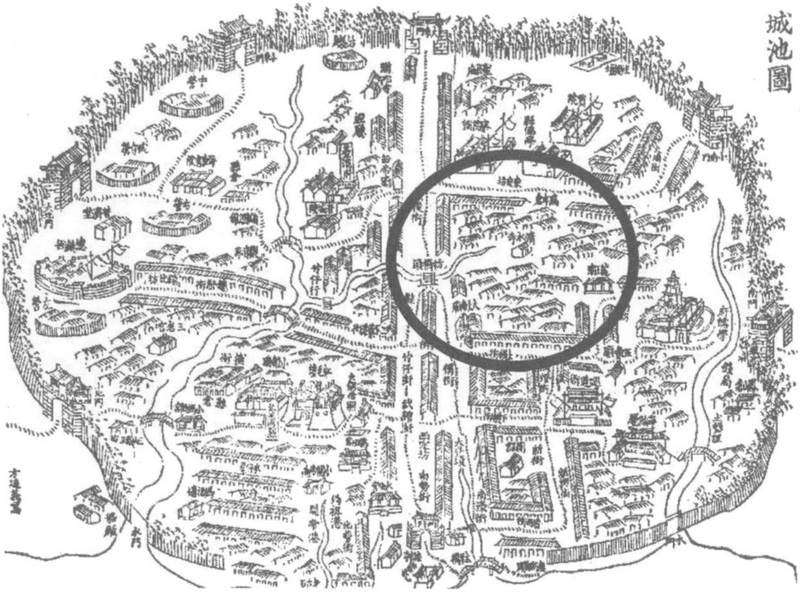

在乾隆十七年的〈城池圖〉中，原臺南合同廳舍周圍出現許多民宅，似乎也出現糖仔街（三界壇街）

資料來源：王必昌，《重修臺灣縣志》（1752）

2、乾隆年間

乾隆年間可以說是「原臺南合同廳舍」周圍發展最迅速的時期。雍正後期，清廷在府城興築城池之後，城內治安得到進一步的保障，人群更往城內集中，也使十字街的發展更加繁榮。原有的商圈範圍不斷向外擴展，鄰近「原臺南合同廳舍」周圍也出現更多的發展契機。乾隆十七年（一七五二）以前，大上帝廟後方新增了一條「打石街」（後又分為「頂下打石街」，即民生路一段東緣），這是專門打造如墓碑、石香爐、石碑等器物的市街。打石街東側連接著「糖仔街」（從民生路東緣至南門路北段，穿越湯德章紀念公園，在嘉慶年間以後改名為「三界壇街」），這是府城專門販售糖及糖製品的地方，這兩條商街就位在後來「原臺南合同廳舍」的北側及東側。[31]

至於其他重要的建設或開發，尚有：乾隆四十二年（一七七七）知府蔣元樞在龍王廟附近所捐建的「臺灣佐屬公館」（今臺南美術館一帶），[32] 這是提供給臺灣府佐屬幕僚的居所。在鄭氏家廟旁的「三官堂」，相傳原來是蔣元樞所建的別館，乾隆四十三年（一七七八）蔣元樞離臺後，百姓感念他的恩澤，就把別館改成「蔣公生祠」，供奉他的長生祿位。乾隆後期，清廷嚴禁設立生祠，百姓改爲主祀三官大帝，並「移蔣像於後室，改稱三官堂」。[33] 原來在嶺後街經營「林元美號」的府城名士林朝英，乾隆四十三年（一七七八）的時候在鷲嶺南坡間興築宅第，並將「林元美號」店鋪遷徙到這裡，[34] 佔地極廣，除店鋪及一座七包三進的大宅外，還在宅第的西側建了「一峰亭」，亭外有書房，叫做「蓬臺書室」，範圍主要在「糖仔街」

32 原來「郡城佐屬公館」是乾隆 31 年（1766）以前述海東書院所改建（乾隆 15 年遷至縣署右側），後因「屬僚畢集，每形窄隘，然而久未有以易也」，後知府蔣元樞遂在鄰近處捐建新舍。

34 咸豐 8 年（1858）的《天公壇建業碑記》中有「三界壇林元美」之記載。

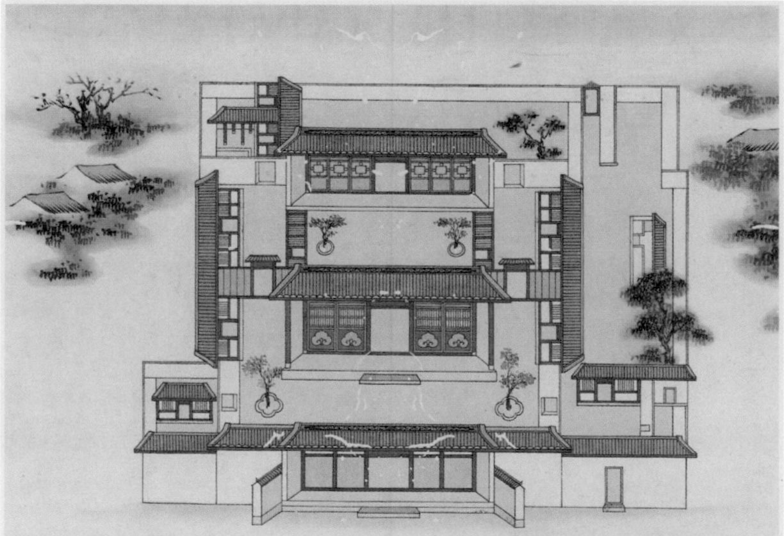

臺灣佐屬公館圖繪

資料來源：蔣元樞，《重修臺灣各建築圖說》，頁 11 附圖

東側，包含今原臺南測候所、湯德章紀念公園之間的土地。35 此外，我們參照乾隆十七年（一七五二）王必昌《重修臺灣縣志》的〈城池圖〉，可以發現此時十字街已經成爲府城的交通中樞。藉由嶺後街、鞋街、竹子街、武館街等連結大東門與大西門，透過上橫街、下橫街、總爺街等連通大南門與大北門，形成貫串府城的重要核心。我們可以在圖中看到「原臺南合同廳舍」的周圍描繪著許多民宅，而那一條從上橫街向龍王廟的小路，似乎就是打石街至糖仔街的街道。

3、嘉慶年間以後

清中葉以後，鷲嶺南坡周圍的情況在文獻上有了更清楚的記載。光緒元年（一八七五）福建船政學堂師生所測繪的《臺灣府城街道圖》中，今「原臺南合同廳舍」的所在處被標示爲「三界公壇」。「三界公壇」

興建於嘉慶三年（一七九八），主祀三官大帝，神祇分靈自前述由蔣元樞別莊所改建的三官堂。由於三官堂後殿仍舊是府城道府的別莊，為了維持環境清幽，就把神祇分靈迎至三界公壇處奉祀。官民各別奉祀同一神祇，是清代府城十分常見的情況。

相對於官廟的三官堂，民廟的三界公壇的香火似乎更為鼎盛。之後，三界公壇廟前的「糖仔街」也隨之更名為「三界壇街」（不過道光年間成書的《臺灣采訪冊》仍稱之為「糖仔街」[36]），此後這區的商街發展更為完整，道路交通益加發達。嘉慶十二年（一八〇七）以前新增的街市就有：從糖仔街向南延伸的「龍王廟街」（今南門路北段）、在下打石街街南的「做箴街」（今民生路一段，箴是指薄而狹長的細竹片，可用來編製竹簍、竹籃等）、從安海街向西發展的「樣仔林街」（今友愛街一帶）等，[37] 清末以前至少又發展出重慶寺街、[38] 淡水公館街、五帝廟街、三官巷、魁星樓街、中巷、天君巷等街市，[39] 顯示清代以後「原

原臺南合同廳舍的所在地

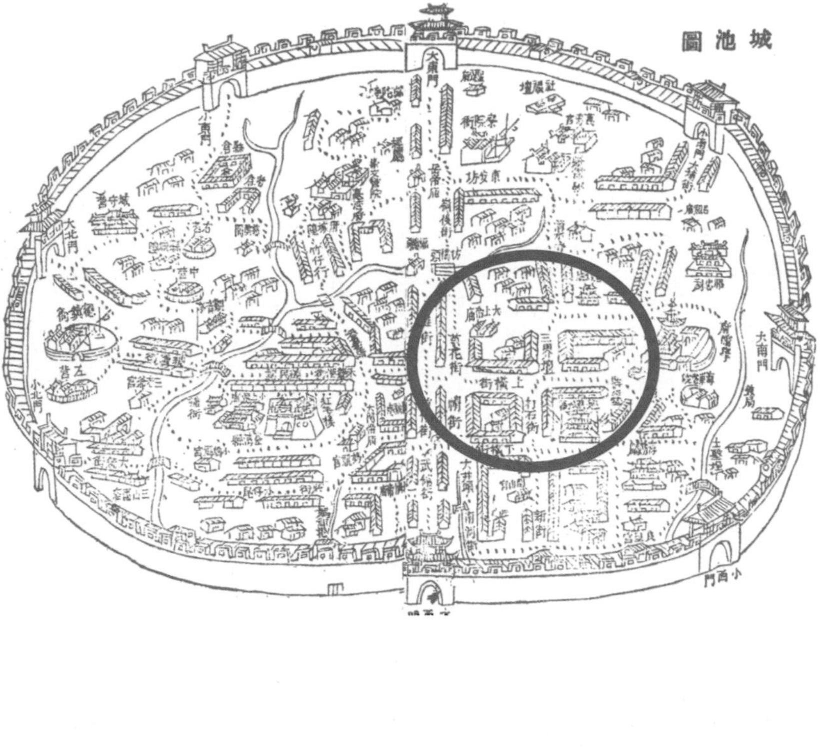

在嘉慶十二年「城池圖」，在原臺南合同廳舍周圍間的街道發展更為發達便捷

資料來源：謝金鑾，《續修臺灣縣志》(1807)，頁 8

臺南合同廳舍」周圍街道日趨繁盛，已經成爲臺南府治重要的人群聚居處之一。參照嘉慶十二年（一八〇七）謝金鑾《續修臺灣縣志》的「城池圖」，十字街仍然是府城交通的中樞，「原臺南合同廳舍」的周圍描繪著許多民宅，可以想見此區街道交通又比之前更加發達與便捷。

a.「淡水公廨」。這是淡水廳在府城的辦事處（即會館），所謂：「淡水公廨：在東安坊大上帝廟後」，[40] 在光緒元年（一八七五）的《臺灣府城街道圖》上，此處被標示爲「淡水公館」，現址是中央氣象局臺灣南區氣象中心（原臺南測候所）；

38 道光30年（1850）來臺擔任府儒學訓導的劉家謀，其《海音詩》曾有轉引其同鄉晚輩韋廷芳之資料而稱：「寧靖王像，十年前見諸『重慶寺街』某老婦家。」臺灣雜詠合刻。

原臺南合同廳舍的所在地

b. 前述建於雍正四年（一七二六）的「魁星堂」。先於嘉慶十一年（一八〇六）與倉聖堂組成的「中社書院」，後在嘉慶十九年（一八一四）改建爲閣樓，稱爲「奎樓閣」，至道光十三年（一八三三）再改名爲「奎樓書院」，是昔日讀書人論學的場所，與崇文、海東、蓬壺並列爲府城四大書院，後因日治昭和年間擴建末廣町（中正路）而遷建於東門圓環處；

c. 嘉慶十八年（一八一三）所設置的「重道崇文坊」。清廷爲旌表府城名士林朝英獨立捐貲萬金修建縣學文廟，敕頒「重道崇文」匾額，賜六品光祿寺置正職銜，並准予建坊。此坊原設於龍王廟旁，位於孔廟與他的宅第之間，日治昭和年間因南門路擴建，石坊就被遷到臺南公園處；

d. 三界壇街南端的「兩廣會館」。原稱「嶺南會館」，由當時旅居臺南的粵桂人士營建，是粵桂同鄉、文士集會寓宿之所。

光緒元年（一八七五）兩廣總督岑毓英改建，所有建材都是從廣東運來，外型宏偉壯麗，是臺灣史上規模最大的粵式建築，光緒三年（一八七七）落成後改稱爲「兩廣會館」；

e. 光緒五年（一八七九）所設置的「擇賢堂」。這是齋教先天派教友的齋堂，主祀觀音菩薩，位在「原臺南合同廳舍」西側。當時堂址在今址右側，此處過往有「中巷」之稱

f. 嘉慶十二年（一八〇七）興建、祀奉呂洞賓的「呂祖廟」。之後呂祖廟因故荒廢，改成「引心書院」；

g. 咸豐四年（一八五四）興建、主祀玉皇上帝的「天壇」（天公廟）。當時重建捐款者有文武官員、地方仕紳與商號等，可見天壇在府城信仰中極受尊崇。[42]

此外，在「淡水公館」南側有「屎山仔」的稱呼，這裡是當時整個

原臺南合同廳舍的所在地

臺南兩廣會館及重道崇文坊

資料來源：維基百科「重道崇文坊條」

區域堆放垃圾的地方，讀者可以從這個地名想像垃圾堆成小山的景象。還有一處，今天國立臺灣文學館有「牛屎埕」的舊稱，一說是此地因牛屎眾多而得名，也有傳說是由「御史埕」所轉音，亦即這個稱謂是跟御史衙署有關。不過清代御史衙署位於今日臺南市中西區文昌里內，而且早在乾隆四十六年（一七八一）就已經廢署，所以這個名稱的由來仍然不明。[43]

依據明治三十年（一八九七）土屋重雄《臺灣事情一班》的記載，當時「原臺南合同廳舍」周圍的聚落與人口戶數狀況大抵如下：第一區轄下之三界壇街（九十九戶、四百四十三人）、龍王街（二十九戶、一百二十三人）、牛屎埕（四十八戶、一百六十一人）、太平境街（一百戶、三百一十四人）；第二區轄下之安海街（五十戶、一百六十九人）、中巷街（四十三戶、一百四十六人）、頂甲石街（七十三戶、兩百三十一人）、做篾街（一百戶、兩百二十六人）、打石街（七十七戶、兩百四十人）。

原臺南合同廳舍的所在地

居住在鷲嶺南坡一帶的總戶數約為六百一十九戶、兩千零五十三人，可見此區街市人口稠密的情況，在府城內可能僅次於十字街與五條港，可以顯示清末「原臺南合同廳舍」周圍環境的發展。

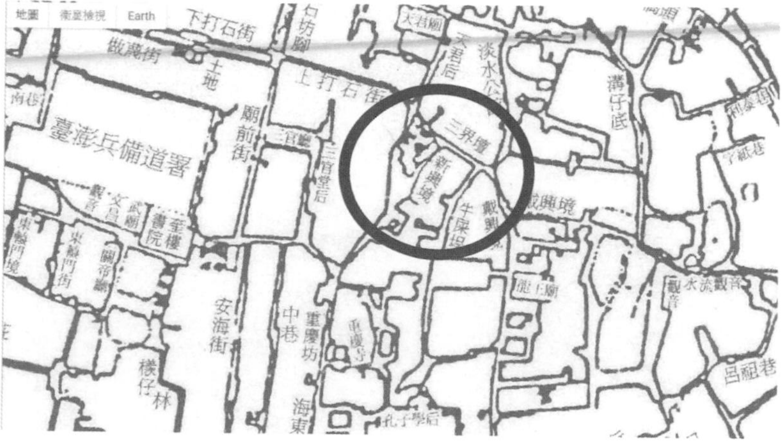

光緒元年（一八七五）《臺灣府城街道圖》原臺南合同廳舍附近狀況

資料來源：臺灣百年歷史地圖網站

01 石萬壽文，紀幸芯整理，〈府城街坊記——鷲嶺南坡〉，收入《e代府城》（臺南：臺南市政府，2007），26期，頁52；曾憲嫻主持，《「府城歷史街區計畫擬定」計劃書》（臺南：臺南市政府文化局，2017），頁69、73。

02 黃秋月，〈府城史蹟建築〉，收入《臺南文化》（臺南：臺南市政府，1984），新17期，頁55。

03 范勝雄，《咱兮土地咱兮人》（臺南：臺南市政府，2000），頁21。

04 韓國棟，《走讀臺灣：臺南市1》（臺北：國家文化總會、教育部，2010），頁14。

05 陳漢光、賴永祥編印，《北臺古輿圖集》（臺北，臺北市文獻委員會，1957），頁5之〈永曆十八年臺灣軍備圖〉。

06 郁永河，《裨海紀遊》（1698）（臺北：臺灣銀行經濟研究室，文叢44種，1959），頁11–12。

07 黃典權編，〈臺南市立歷史館文物藏件目錄〉，收入《臺南文化》（臺南：臺南市政府，1955），4卷4期，頁102。

08 沈光文，〈平臺灣序〉，收入范咸編，《重修臺灣府志》（1747）（臺北：臺灣銀行經濟研究室，文叢105種，1961），頁703。

09 石萬壽文，黃莉雯整理，〈府城街坊記（一）臺灣漢人第一市街——禾寮港街〉，收入《e代府城》（臺南：臺南市政府，2007），22期，頁67；韓國棟，《走讀臺灣：臺南市1》（臺北：國家文化總會、教育部，2010），頁14；范勝雄，〈府城地理傳說〉，收入《臺南文化》（臺南：臺南市政府，1997，）新44期，頁110。

10 江家錦，〈臺南先史遺物的考察〉，收入《臺南文化》（臺南：臺南市政府，1940），創刊號，頁2–7。

12 石萬壽，《臺灣的拜壺民族》，頁40。

13 首任臺灣長官宋克曾向荷蘭東印度公司呈附1張市鎮設計圖，顯示赤崁地方已經有一定程度的都市計畫，可惜目前尚未發現這張設計圖。又，據張守真教授所告知，「熱蘭遮城」（Zeelandia）的地名由來，跟今日荷蘭西南的澤蘭省（zeeland）有關。

15 韓家寶著，鄭維中譯，《荷蘭時代臺灣的經濟．土地與稅務》（臺北：播種者，2002），頁 59、173–175。

16 石萬壽文，朱怡婷整理，〈府城街坊記——府城舊街市中心十字街（上）〉，收入《e 代府城》（臺南：臺南市政府，2007），23 期，頁 54。

17 高賢治著，黃光瀛編，《縱覽臺江——大員四百年地輿圖》（臺南：內政部營建署臺江國家公園管理處，2012），頁 52–53。

18 蔣毓英，《臺灣府志》（1685）（北京：中華書局出版社，1985），頁 8。

19 蔣毓英，《臺灣府志》（1685），頁 127。

20 江日昇，《臺灣外記》（臺北：臺灣銀行經濟研究室，文叢 60 種，1960），頁 236。

21 蔣毓英，《臺灣府志》（1685），頁 121。

23 「觀音堂，偽時建；祀五帝，後改。」見王必昌，《重修臺灣縣志》（1752）（臺北：臺灣銀行經濟研究室，文叢 113 種，1961），頁 201。與石萬壽文，紀幸芯整理，〈府城街坊記——鷲嶺西南坡〉，收入《e 代府城》（臺南：臺南市政府，2007），27 期，頁 70。

24 施琅，〈壤地初闢疏〉，收入《靖海紀事》（臺北：臺灣銀行經濟研究室，文叢 13 種，1958），頁 67。

25 石萬壽文，紀幸芯整理，〈府城街坊記——鷲嶺南坡〉，收入《e 代府城》，26 期，頁 53。

26 見〈蔣郡守傳〉，收入高拱乾，《臺灣府志》（1695）（臺北：臺灣銀行經濟研究室，文叢 65 種，1960），頁 260。

27 施添福，〈清代臺灣市街的分化與成長——行政、軍事和規模的相關分析（下）〉，收入《臺灣風物》（臺北：臺灣風物雜誌社，1990），40 卷 1 期，頁 37–66。

28 陳文達，《臺灣縣志》（1720）（臺北：臺灣銀行經濟研究室，文叢 103 種，1961），頁 83、91、256；蔣元樞，《重修臺灣各建築圖說》（臺北：臺灣銀行經濟研究室，文叢 283 種，1961），頁 67。

29 相良吉哉，《臺南州祠廟名鑑》（臺南：臺灣日日新報社臺南支局，1933），頁7；謝金鑾，《續修臺灣縣志》（1807）（臺北：臺灣銀行經濟研究室，文叢140種，1961），頁343。

30 王必昌，《重修臺灣縣志》（1752），頁169、201、188；施添福主編，《臺灣地名辭書》（南投：國史館臺灣文獻館，1999），卷21：臺南市，頁121-122。

31 王必昌，《重修臺灣縣志》（1752），頁29。並參閱石萬壽，〈臺南府城的行郊特產點心——私修臺南市志稿經濟篇〉，收入《臺灣文獻》，31卷4期，1980年12月，頁71。

32 〈郡城佐屬公館碑記〉，收入黃典權編，《臺灣南部碑文集成》（臺北：臺灣銀行經濟研究室，文叢218種，1966），頁101。

33 鄭兼才〈上胡道憲〉，收入《六亭文選》（嘉慶年間），頁38；又參閱謝金鑾，《續修臺灣縣志》（1807），頁337；石萬壽文，紀幸芯整理，〈府城街坊記——鷲嶺西南坡〉，收入《e代府城》，27期，頁70

34 見黃典權編，《臺灣南部碑文集成》，頁325-326。

35 連雅堂撰，南史校點，〈臺南古跡志〉，收入《臺南文化》（臺南：臺南市政府，1953），3卷2期，頁12。

36 陳國瑛等，《臺灣采訪冊》（臺北：臺灣銀行經濟研究室，文叢55種，1959），頁17。

37 謝金鑾，《續修臺灣縣志》（1807），頁10。

38 臺灣雜詠合刻。劉家謀，《海音詩》（臺北：臺灣銀行經濟研究室，文叢28種，1959），頁6。

39 施添福主編，《臺灣地名辭書》卷21：臺南市，頁125；石萬壽文，紀幸芯整理，〈府城街坊記——鷲嶺西南坡〉，收入《e代府城》，27期，頁68-70。

40 謝金鑾，《續修臺灣縣志》（1807），頁90。

41 謝金鑾，《續修臺灣縣志》（1807），頁161；林文龍，〈奎樓書院及其功能之變遷〉，收入《臺灣文獻館電子報》，114期，2013-09-30，網址：www.th.gov.tw/epaper/site/page/114/1597（查閱日期：2019.8.20）。

42 施添福主編，《臺灣地名辭書》卷 21：臺南市，頁 168。

43 施添福主編，《臺灣地名辭書》卷 21：臺南市，頁 124、125。孫爾準、陳壽祺，《重纂福建通志臺灣府》（1829）（臺北：臺灣銀行經濟研究室，文叢 84 種，1960），頁 100。

44 土屋重雄，《臺灣事情一班》（臺北：成文出版社，1985），頁 271–272。

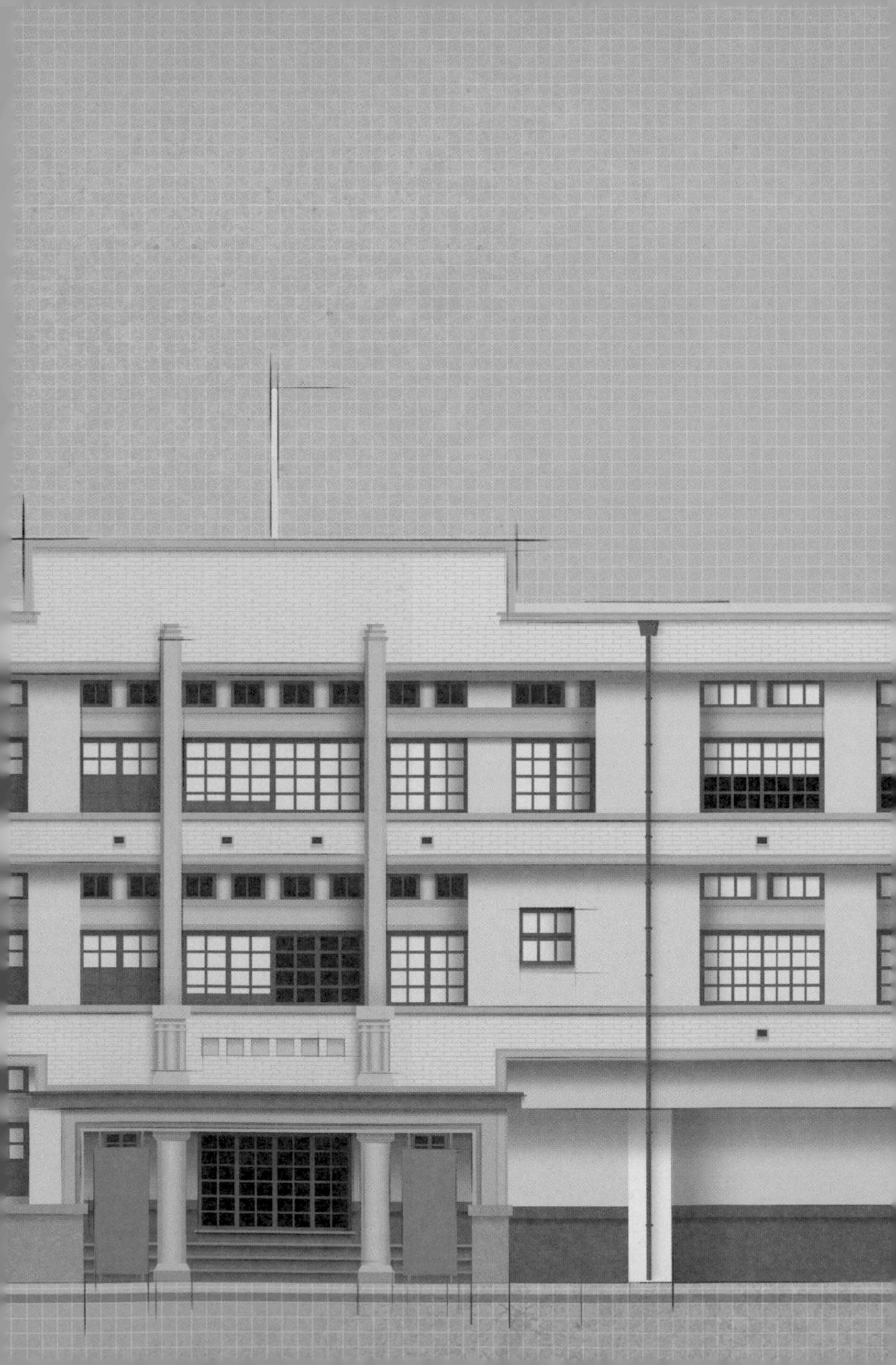

第三章

原臺南合同廳舍的設置與發展

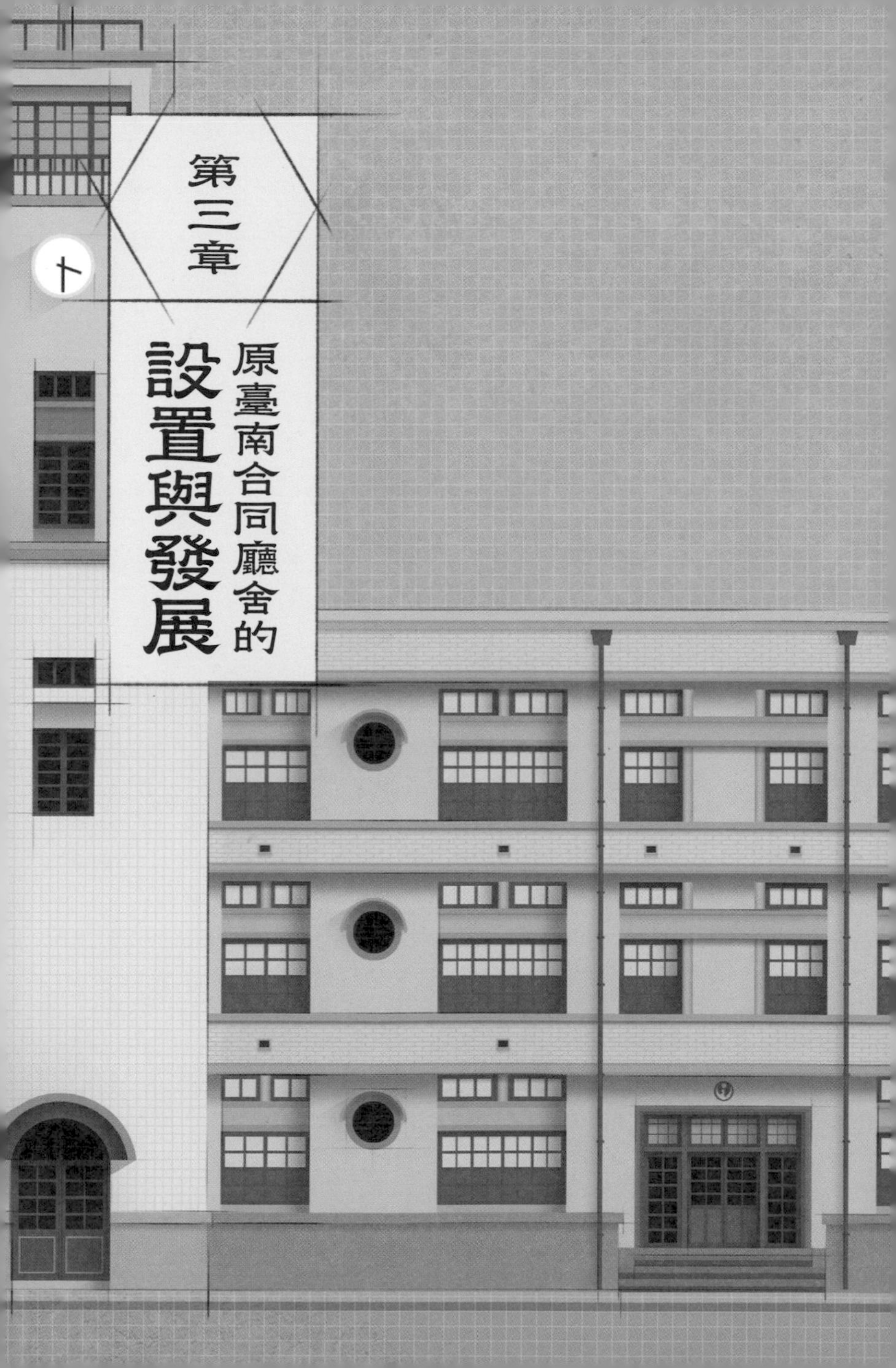

「原臺南合同廳舍」，主體建築竣工於昭和十三年（一九三八）。當初將「御大典記念塔」設置在此，實際上與明治四十四年（一九一一）公布的「臺南市街市區計畫（臺南市街ノ市區計劃）」有關，亦即將「大正公園」做爲市中心的都市規劃。日治初期，日人將此地劃屬在「火防線」之內，這也成爲此地與消防救災發展產生關係的開始。由此可見，「原臺南合同廳舍」是隨著時代的發展而逐漸出現的建築，並且與臺南的市街規劃、城市防火等都有著密不可分的關係。

本章主要論述原臺南合同廳舍的設置與其後的發展，除了日治時期的興建歷程外，也述及戰後的歷史變遷，全章共分爲四個部分，分別是：（一）早期的市區改正：「火防線」、小公園與派出所；（二）臺南市區計畫：「大正公園」與「御大典記念塔」；（三）「臺南合同廳舍」的出現；（四）戰後「原臺南合同廳舍」的歷史變遷等，希望能藉此敘述讓讀者對「原臺南合同廳舍」的歷史背景有更多的認識。

（一）早期的市區改正：「火防線」、小公園與派出所

臺南府城爲日治以前臺灣首善之區，向來對地方治安及消防安全極爲重視，加上清領時期府治市街曾發生多次大火，官民對於防火工作自然更爲謹慎注意。清道光二十一年（一八四一），臺灣縣知縣閻炘曾頒布「防火章程」，這是以臺南府城內的武廟六條街、禾寮港街舖戶爲對象，由士紳所共同擬定的防火規約。該章程共列十條規定，包含：儲藏消防用水、置備救火設備、街戶派撥救火壯丁、因滅火拆除店屋的補償原則、官府對起火原因的查緝與究責、

店鋪商貨不得侵占街道官路……等，之後在六條街、禾寮港的街首銘文立碑告示，這是目前所知臺灣史上最早的城市防火制度。

自清中葉起，臺南府城還有「冬防」的規定，目的在維護府治的地方治安，實際工作是「詰盜賊、嚴水火」，所以也包括府治的消防工作。經費以公款各項收入裡的當鋪生息、外新豐里魚潭贌租及鹽課盈餘等來源支應，可說是維護地方治安的重要規劃。又，根據《安平縣雜記》這份資料可知，當時安平縣知縣的行政業務就明文列出救火、勘災等工作，可見官方對防火安全的重視。這些清領時期有關消防安全的積極措施，直接反映了官民一心，遏止大火、防患未然的思維。

至於日治以來，殖民政府基於爲了更有效率地管理臺灣街市的治安、衛生、環境，在臺灣各城市持續實施「市區改正」，進行新設道路、道路拓寬、下水道設置、街廓劃設、公園留設等建設，學

現存於臺南市中西區「大南門碑林」的「防火章程碑」，碑刻文字仍清晰可辨。

45 該碑現存於臺南市中西區「大南門碑林」之內。

界一般認為這是臺灣傳統城市空間，轉變成近現代都市空間的主因。在進行城市改造的同時，開放空間也多有留設，除了拓寬道路以避免市街店鋪距離過於接近外，為了落實都市防火的規劃，更在城市內設置了防火空地。其中明治三十九年（一九〇六）臺南廳在三界壇街闢設的「火防線」，可以說是當時此類設置的最佳案例。[47]

1、火防線的設置[48]

日人領臺不久，臺灣各地方政府陸續設置「市區計畫委員會」，紛紛開始推動各城市改善的各項規劃。當時臺南在明治三十二年（一八九九）成立「臺南市區計畫委員會」，由臺南縣知縣擔任會長，負責市街的區劃與街衢的設計以及其他衛生、交通等設施的審議事項。[49]雖然實際上一直要到明治四十四年（一九一一）才正式公告「臺南市區改正計畫」，不過在此之前已進行許多重要的交通建設與小規模的市區改正，例如新築輕便鐵道，以連結安平、灣裡、佳里、關廟等地方。

明治二十二年（一八九九），殖民地當局正式展開縱貫鐵路修築工程，隔年臺南至高雄段鐵道完成通車。縱貫鐵路的便捷性大大改變民眾的交通習慣，不論客運或貨運都持續呈現高成長率，因此日人也逐漸以臺南停車場（臺南火車站）做爲與周圍腹地連結的重要基點。與此同時，臺南市街內又進行著拆除城牆、拓寬道路與新闢重要道路等工程，尤其爲了建構臺南停車場（縱貫鐵道—臺南火車站）與安平（港口）間的聯繫，計畫開闢臺南停車場至大西門間的道路，當時採「十字大街」的模式，向東連結停車場，向西連接五條港與安平地方。[50]

48 有關「火防線」之稱謂，有時稱之為防火線。

從明治三十二年（一八九九）臺南市區計畫委員會所提出的《臺南縣廳醫院敷地市街路線變更建議圖》（其底圖爲一八九六年《臺南府迅速測繪圖》）可以發現，在「原臺南合同廳舍」周圍有許多新闢道路的規劃，包含在測候所旁新築的南北向道路（今公園路南端道路），而且在新闢十字路口間也有設置圓環的想法，不過規模顯然無法與後來的大正公園相提並論。然而這時期所出現的「火防線」、小公園等建設，還有將原來在做筏街的警察官吏派出所遷徙到這裡，種種發展對於日後設置臺南合同廳舍都有重要的影響。

明治三十七年（一九〇四），日人原本想要再展開新一波的「市區改正」計畫，當時是以人口稠密的十字街一帶爲主，這也符合前述開闢臺南停車場至大西門間道路的規劃。[51] 受到日俄戰爭的影響，這個計畫實際推行被延遲至明治三十九年（一九〇六），據

明治三十二年（一八九九）「臺南市區計畫委員會」《臺南縣廳醫院敷地市街路線變更建議圖》（局部）

資料來源：國史館臺灣文獻館，《臺灣總督府檔案》，典藏號：00004709001

當時報導所稱：「臺南市街其計畫改修屢矣。前擬三十七年份舉行。為有戰役。因之中止。此次決定本年度著手。自大西門內宮後街起點。經十三鋪街、武館街、竹仔街、鞋街、草花街，直至打鐵街。南折而迄三界壇街。其中央家屋取除。道路要八間幅左右。下水溝設置完全。目下測量殊忙。不日即見興工云。」[52]

這次的市街改正可以說是十字大街的「道路擴張計畫」。實際上，所謂的「擴張」並非「拓寬」，僅是將中間店鋪拆除，再縮減路邊騎樓的面積，道路寬度其實沒有太大的變化。

報導中也提及預定要開闢「打鐵街南折而迄三界壇街」的道路，這條新築道路就是前述測候所旁的南北向道路。當時這條路是從龍王廟、兩廣會館（即今臺南美術館一館）前開始修築，接著由南向北開闢，經三界壇街、測候所（即今臺南氣象站）東側後，直抵打鐵街的四春園（即今吳園，原臺南公會堂）。在這條新路的中途還規劃「於三境壇街。設七十餘間之方形空地。決定就此處作小公園。」[53] 這座公園依據《臺南廳告示第百三十一號》所稱，設置的理由是「臺南市ノ內三界壇街ニ於テ火防其ノ他ノ必要」，亦即三界壇街上的空地就是爲了防備火災、地震及其他災害的避難空間。[54]

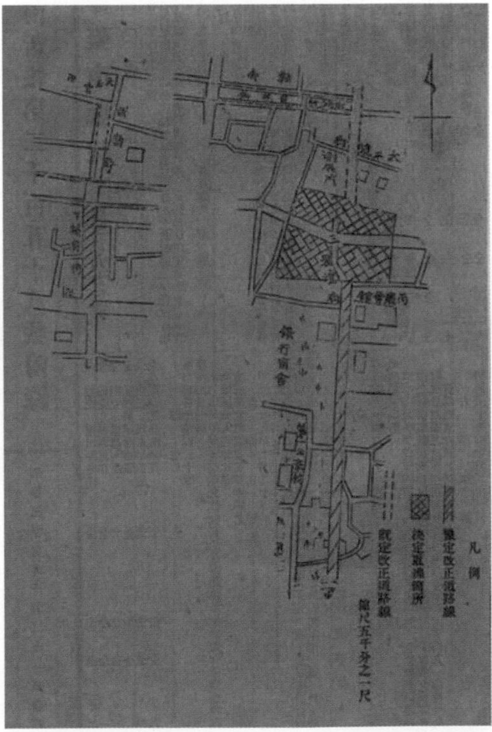

依據《臺南廳告示 131 號》之附圖，右圖中的網狀部分就是臺南火防線及小公園

資料來源：《臺南廳告示 131 號》，明治 39 年（1906）10 月 21 日，臺灣總督府檔案，典藏號：00004709001

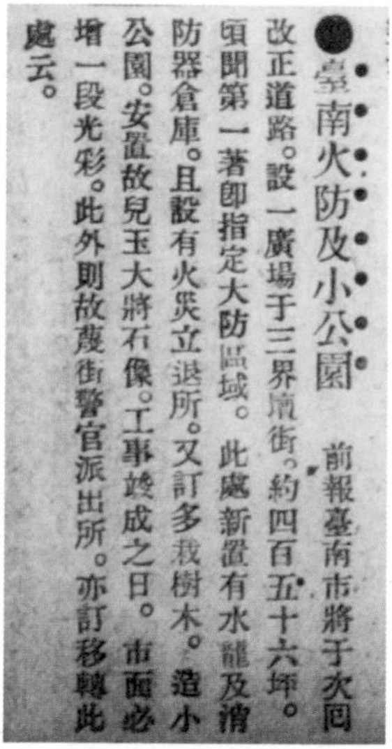

臺南火防及小公園　前報臺南市將于次回改正道路。設一廣場于三界壇街。約四百五十六坪。頭閒第一著卽指定大防區域。此處新置有水龍及消防器倉庫。且設有火災立退所。又訂多栽樹木。造小公園。安置故兒玉大將石像。工事竣成之日。市面必增一段光彩。此外則故蔑街警官派出所。亦訂移轉此處云。

當時有關臺南火防及小公園規劃的報導

資料來源：《臺灣日日新報》（漢文版），一九〇六年十月三十日三版

這個防備火災的避難空地，就是所謂的「火防地」，也稱為防火地域、火防用地等，有點類似現在的防火巷或災後疏散用的防災空地。日人有關「火防地」等傳統消防設施或觀念，一般認為是肇因於江戶年間的「明曆大火」。

一六五七年在江戶地區（東京）爆發的「明曆大火」，與倫敦大火（一六六六）、羅馬大火（六十四）並稱世界三大火災。這場大火在短

短兩天之內，將三分之二的江戶化爲灰燼，受災死亡人數高達十萬人以上。日人在災後記取教訓，對火災防治與災後避難開發許多善後新制或新措施，主要包含有：定火消の設置（成立消防隊）、道路の拡張（道路拓寬）、火除土手、広小路、火除地などの設置（設置防火堤、防火巷、防火空地之類）、耐火建築、火の見櫓（消防高塔）等，[55]亦即日人的近代防火觀念，可能都是源自於這個悲慘的歷史背景。

臺南進行「市區改正」時，就開始有設置「火防地」（空曠地、廣場）的規劃，由於三界壇街一帶位於計畫範圍之內，地點與人口稠密的十字街又稍有距離，住戶與商鋪可能相對較少，因此拆遷所造成的影響可能也相對較小，遂在明治三十九年（一九〇六）十月底被規畫做爲府城核心地帶的「火防地」。據當時《臺灣日日新報》報導，日人最初預定徵收的土地範圍僅四百五十六坪，不過一個月後卻突然擴大範圍達約四千坪，並且將之命名爲「防火線」，同時要求當地百餘名住民在隔年二月底前遷徙到別的地方。在〈諭民遷期〉的報導中曾提及：「防火線，設在三界壇街。其定界四至。凡四千五十七坪。內所有居民百餘名。去十九日上午八點鐘。臺南廳召集諸居民。由總務課司丸山氏為說明設置防火線之情由。面諭限至來年二月底。決定起工。爾等須悉行遷去云。」[56]

隔年三月，日人迅速拆除三界壇一帶的民宅屋舍，當時報導就說：「臺南市三界壇街防火線定界內。自做針街四春園前。至臺南公館邊。就中所有家屋除測候所官舍外。早已折毀清楚。日前雇用工作百餘名。從事挑塗填補。俟掃平後。即便著手畫清新線路，以蓋造兒玉督像之地盤云。」[57] 本區在拆除整理之後，就此由原

56 又據《臺灣日日新報》不同時期之報導，當時所徵收土地或稱有 3679 坪，或稱有 4057 坪，也有稱約 5000 坪前後等。

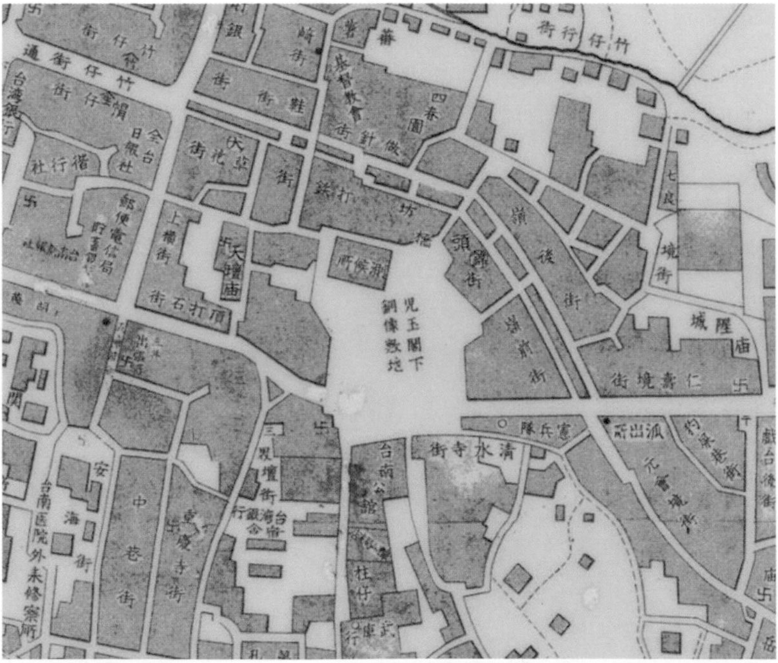

一九〇七年《臺南及安平市街圖》（局部）

資料來源：臺灣百年歷史地圖網站

來的住宅區，被重新劃入了官方性質的公共空間。

當三界壇街空曠地被規畫爲「火防地」之時，日人也同時在此籌設消防倉庫，用來放置水龍等消防設備，並有設置「火災立退所」（災民避難、安置的空間）的打算。[58]從這些消防與避災相關設施觀察，日人顯然有意將此空曠地規劃成臺南市區的防災特別區。

明治三十九年（一九〇六）十月起，臺南市街居民有感於設置消防組織之必要，乃向臺南廳呈請設置，因此臺南廳乃購置幫浦，在臺南市街設置壯丁團做爲市街的消防組織，以壯丁團員充當消防人員，[59]亦即初期是由警察指揮壯丁團從事消防活動。[60]

明治四十年（一九〇七）九月，臺南廳「經向內地購買唧筒及其他消防器具。悉皆運到多時矣」，不久後又收到由東京送來的兩臺「水龍」（「手壓消防幫浦」的俗稱），促使日人更積極有關臺南市街專門「消防組合」的籌組、經費募資與培訓工作（仍由保甲壯丁團內挑選消防夫），也加速前項「消防倉庫」的設置，以便儲放消防水龍及附屬消防器械，這就是報導裡所謂的：「此際防火線均已填平。內地人有志者。協議於防火線內附近一隅。起蓋二三場所。以置唧筒及諸消防器具。遇有不虞。舉凡組合中人。一聞火警。即刻馳到場所。以便集齊。共同從事消防。市內保甲壯丁。悉歸內地人指揮。法至良也。意至美也。但此建築金額。豫按千二百圓。由內地人側負擔云。」61 又說：「昨日已由東京寄到水龍二臺。因並準備消防夫六十名。使訓練其使用法及服務紀律等。其消防夫乃就市內各保選拔之。且分為數組。各組皆置組長一名。以警部及警部補指揮監督之。其水龍及附屬器械。目下已在三界壇街防火地建築舍屋。以便貯藏。又每夜置消防夫一名。以當警備之勞。一切經費。則就保甲怠金及內地人中之有志者。醵其寄附金以充之。」62

明治四十一年（一九〇八）年六月，臺南市街協議推選出梁廷清爲壯丁團正團長，張仁卿、洪元陞、陳圭璋、顏朝論等四人爲副團長，由臺南廳警務課授與命令書。[63] 值得注意的是，最初地方原擬推選蔣襟三爲團長，蔣氏爲西來庵管理人，在地方頗有知名度，當時人稱：「該氏口若懸鐘。身如猿揉。眼精手快。機智百出。實稱其任。」不過因爲他另有要職而未能兼任。壯丁團成立後，警部清水源次郎教授市內八間派出所巡查有關水龍唧筒（手壓消防幫浦）的用法，再命巡查轉而傳授給壯丁練習。當時蔣氏也承諾協助指導消防所用器具的使用方式，並指導正副團長管理諸壯丁的方法，[64] 可見蔣氏當時對操作消防器具已十分熟稔，這可能是他持續練習前述由東京送來的兩臺「水龍」有關。[65]

又因爲在防火線內的「新設派出所」開始動工，因此當時《臺灣日日新報》再次報導將在派出所旁設置「防火具室」，並計畫利用後庭空地進行防火器具的訓練：「臺南三界壇街。防火線內。已擇定於西南端一曠地。著手建築派出所。又將於派出所之旁。另起蓋一室。以貯水龍等諸防火器。該室後庭。聞將填實一大平地。以便諸壯丁練習防火器云。」66

「新設派出所」竣工一個月後，消防倉庫也在同年（一九〇八）十一月完工，據當時報導所稱：「曩者臺南內地入本島人建設消防組合於三界壇街防火線內。起蓋場所。今已告成。內置水龍唧筒及諸消防器具。選一百名壯丁。教以消防方法。亦已嫻熱。一聞火警。即該馳赴場所。由正團長副團長統率。帶同消防器具。以便趕赴起火之處。從事撲滅。其法甚為完備云。」67 而後，當時由壯丁團成員所組成的臺南消防隊經常在防火線區域持續進行操作水龍唧筒、操練消防梯等各項練習，並在市街舉辦遊行及消防表演活動，所謂：「又復遊繞街市。遍行演習。頗足動人觀瞻。誠可謂有備無患也」68

明治四十二年（一九〇九）一月四日，臺南壯丁團三十五保共一百零五人，加上在臺日人總共兩、三百人共同舉行出初式。69 時論指出，這種由臺人壯丁團轉型成立消防組的做法，實爲全臺首創，所謂：「以本島人組織消防組，在本島以其為嚆矢。」70 這也讓臺南消防組有別於臺北、基隆等地由日人爲主的消防組。

明治四十四年（一九一一）一月二十日午後七時，臺南五全境街有屋厝發生大火，當時市內壯丁團聽到警鐘大作，立即集結在防火線內，隨即攜帶消防器械相率前往災區滅火，這是報刊首次刊載臺南壯丁團消防夫執行滅火行動的消息。當時的報導提及壯丁團消防夫在滅火時的勇敢果決，以及對消防器械操作的熟稔：「去二十日午后七時。忽聞警鐘連響。市街鼎沸。查為五全街林祿之厝租一賣糖飴者。不戒於火。全燒家屋一間。市內壯丁團。一聞警鐘。該正副團長及諸壯丁馳至三界壇街。畢集於防火線內。將水龍挾之以走。或負唧筒。至該街著火家屋。正煙燄漲天。個個奮勇爭先。或飛上北鄰家上以折火路。時南鄰侯皆得之亭仔上。火正延燒。適接水龍之水一噴。遞爾熄滅。皆賴壯丁團之力也。」71

大正十年（一九二一）測繪的《兩萬五千分之一地形圖》中，「原臺南合同廳舍」所在地首次出現代表消防官署的圖標（見左圖的圓圈）。這個形似英文字母Y的標誌，其實是代表傳統日本消防

一九二一年《兩萬五千分之一地形圖》中，「原臺南合同廳舍」所在地首次出現代表消防官署的圖標

資料來源：臺灣百年歷史地圖網站

組的「纏」（まとい，在竹竿上冠上雕金等標誌做成的旗幟。）。當時若有火災發生，持纏手會將「纏」立於最佳滅火地點以為標記，以引領消防員救災，可以說是過往火消任務的代表器物。至於原初規劃設置的「火災立退所」最後卻沒有落實，之後災民的避難安置空間似乎被安排在鄰近的臺南公館裡面。明治四十四年（一九一一）八月二十六日，暴風雨侵襲臺南（實際上為雙颱侵臺），對市區造成嚴重的破壞，當時就有一百一十九名災民被臺南廳庶務係員安置在臺南公館內避難。[72]

2、小公園（大正公園前身）的設置

當時日人將「防火地域」規劃成為一處小公園，除了種植許多花草樹木之外，還計畫在公園內設立「兒玉總督石像」。這座石像是明治三十六年（一九〇三）三月，臺民為感念日本在臺第四任總督兒玉源太郎之政績，遂在辜顯榮、黃玉階、陳中和等仕紳之倡建下，決定從義大利訂製四座兒玉總督石像，之後分別設置在臺北、臺中、臺南和打狗（高雄）等地，時稱為「兒玉總督壽像」。

明治三十七年（一九〇四）十月，石像在義大利製作完成後，輾轉經過日本橫濱再送達臺北淡水。由於石像過於沉重，陸路搬運不易，直到隔年（一九〇五）十月，預計設置在臺南的兒玉石像才藉由水路運抵安平，並動用三十名人力搬運上岸，暫放在臺南廳長辦公室內。[74]此時日俄戰爭甫告結束，兒玉總督在戰爭中立下重大功勳，眾人對石像要座落在哪裡有更審慎的考量。明治三十九年（一九〇六）七月二十三日，兒玉源太郎因突發腦溢血而暴斃，得年五十五歲。

這件意外加速了全臺「兒玉總督石像」的設置進度。此時臺北的壽像決定設置於新公園（今二二八和平公園），至於臺南正如火如荼地進行街區改正計畫，提出要將石像放置在新開闢、做爲「火防地域」的小公園內：「此新大路至安平之十字路間。有曠地橫直可十八丈。作為圓形者。乃建立壽像於其中。像臺擬用花岡石疊造而成。周圍按六丈。以岸址磚作屈曲萬字柱。又設立鐵柵。其工費計須一萬餘圓。」[75]隔年三月又有進一步報導指稱：「臺南市建設兒玉總督石像之位置。既決定在新設防火載域。工費及除幕式貫並四鄰植樹費等。合計約一萬圓。悉由臺南廳下人民醵出。而其所要石材。則使用德山產之花中石。經向德山購辦矣。臺高十二尺。基礎二重。」[76]值得注意的是，此篇報導提及「十字路間、圓形曠地」，其實就是前述「十字形圓環」的規劃。

最後，石像安置的竣工日期定在明治四十年（一九〇七）的十月中旬，並在該年十一月三日天長節（日本天皇生日）舉辦除幕式（揭幕儀式）。由於兒玉總督石像矗立在小公園內，這裡也被稱爲「兒玉壽像園」，[77] 大正五年（一九一六）「町名改訂」時更名爲「大正公園」，[78] 但老一輩臺南人仍習慣稱呼該地爲「石像」（cchiȯh-siōng），這裡也是今日湯德章紀念公園的前身。

在明信片中標示在「火防線」的兒玉總督石像　**資料來源**：日本時代明信片

兒玉總督石像除幕式明信片　**資料來源**：日本時代明信片

3、派出所的設置

在這個市區改正計畫正在實施的當下，「做篾街警察官吏派出所」也被遷往火防線範圍、兒玉總督石像之前。遷徙計畫在明治三十九年（一九〇六）十月就已經提出，[79]不過可能因爲缺乏新設派出所的修築費用，所以到隔年的十月仍停留在計畫向市民募集經費（計畫屬於部內人民寄附）的階段。[80]之後，新派出所在明治四十一年（一九〇八）五月由「櫻井組建築」開始興建，同年十月順利完工。[81]派出所人員尚未進駐前，原本在御遺跡地（今臺南美術二館）前面空地的「人力車檢查場」（檢車場），也先行移至新設派出所後方空地。[82]

79 當時報導一直將「做蔑街」誤植為「故蔑街」，現址在民生路一段路南。

明治四十二年（一九〇九）一月一日，派出所人員正式遷至新派出所辦公，並在該年五月五日舉辦落成式（落成典禮），並且更名為「三界壇街警察官吏派出所」。[83] 大正五年（一九一六）「町名改訂」後，再次更名為「錦町警察官吏派出所」，轄域原本包括做篾街、西轅門街、下打石街、上横街、下大埕街、統領巷街、天公埕街、頂打石街、太平境街、三界壇街、牛屎埕街、重慶寺街、中巷街、安海街、五帝廟街、龍王廟街、鞋街、草花街、做針街、打銀街、番薯崎街、陳子芳街、打鐵街、柱子行街，[84]「町名改訂」後所轄調整為錦町、白金町、本町、末廣町、幸町、花園町等。

大正十一年（一九二二），錦町警察官吏派出所設置了警用與公眾電話，後者提供給附近町民使用，當時臺南市內僅錦町、明治町、清水町有這樣的服務。由於電話是當時災害警報系統的重要設施，在這裡設置電話可以顯示錦町派出所的功能性與代表性。[85]

此外，在三界壇內設有「保甲局」（保甲聯合事務所），這是協助推行保甲事務的機關，作用是協助警察事務的推展，地點通常會鄰近警察官吏派出所。[86] 據《臺灣地名辭書》所載，大正二年（一九一三）出生的謝水松曾來此繳交老鼠尾巴以獲取零錢，這是早期預防鼠疫的方式。[87]《臺灣日日新報》也提到錦町派出所管內保甲役員在報恩堂組成「國語研究會」，該會會長為轄區內出身的文學士林茂生（府城歷史名人，當時是臺灣首位東大文學士，後來成為臺灣首位留美博士、臺大教授，因二二八事件而蒙難離世）。[88]

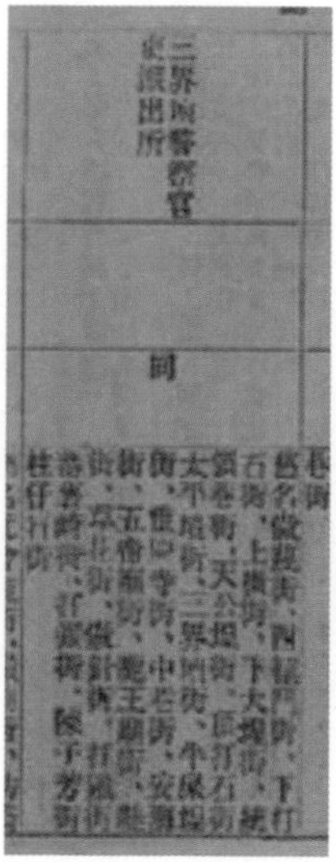
三界壇警察官吏派出所

同

一九一一年十二月「三界壇街警察官吏派出所」轄域範圍

資料來源：國史館臺灣文獻館，《臺灣總督府檔案》，典藏號：00000962104

正當此地如火如荼地進行著各項工程之際，竟然發生了一起特別的社會新聞。警方聽聞兒玉總督石像前，浚溝工人劉傳挖到了十二塊金塊，隨後立即展開調查，驗證傳聞眞僞與攫獲黃金的下落，不久就順利將這批金塊陸續追回。因爲該處原本是林朝英的宅邸，林家後代七房的林鵠家族遂請辯護士（律師）打官司，希望可以討回這批金塊。不過林朝英宅邸早已抵押給「槺仔林」的王麗生，王麗生又聲稱金塊不是他埋藏的，但林鵠家族也無法證明林家是所有人，最後這批金塊是以充公處理，做爲地方發展的公共事業費。這則既離奇又有趣的新聞，之後竟以〈臺南工人掘獲金條〉爲題，越過海峽，被刊載在上海的《申報》之中。

（二）臺南市區計畫：「大正公園」與「御大典記念塔」

明治四十四年（一九一一）七月，臺南廳以「告示第七十號」公布「臺南市街市區計畫（臺南市街ノ市區計劃）」，這是考量臺南整體發展後所提出的全面性市區計畫。不同於過往應急、局部性的市區改正，這次規劃不再以「十字大街」為府城發展的中心，而是將「市中心」南移到當時新開闢的「火防線」，也就是後來在「原臺南合同廳舍」前的「大正公園」。日本當局此舉對府城街區後來的發展影響久遠，可以說府城逐漸發展成為今日的樣貌，實奠基於此。

日本人刻意將興建於昭和三年（一九二八）的「御大典記念塔」放在臺南市中心的大正公園西側，除了所在地鷲嶺是臺南市制高點外，在作為重要代表性建築的意義上，更可能與當時大正公園的政治氛圍與統治象徵有關，這顯然是日人精心安排的結果。本節主要在探討明治四十四年（一九一一）七月公告「臺南市街市區計畫（臺南市街ノ市區計劃）」之後，有關「大正公園」與「御大典記念塔」的設置情況。

1、「大正公園」的設置

在最初日人的市區改正中，「大正公園」原來只是在火防地上的小公園。明治三十九年（一九〇六）因成爲兒玉壽像的放置處而逐漸受到重視，之後在明治四十四年（一九一一）的「臺南市街市區計畫」計畫中，竟被規畫做爲市街的發展中心。據當時報導所稱：「臺南の市區改正は既電の如く愈愈二十三日を以て發表せらる 筈なるが右に付聞く所に依れぱ兒玉壽像園 以つて市の中心點と為し夫れより放射形に道路の大勢は碁盤形。」[91]也就是說，日人不但將「兒玉壽像園」視爲臺南市的中心點，更成爲放射狀道路的起點，這也是當時市區主要道路規劃的基礎。

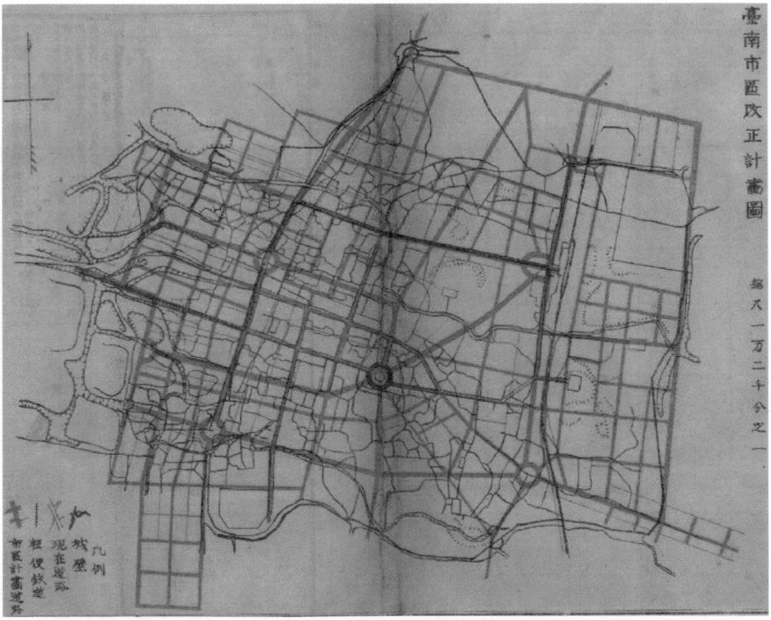

「臺南廳告示第七十號臺南市街ノ市區計劃及其地域ヲ定ムル件」（1911 年 07 月 25 日）

資料來源：國史館臺灣文獻館，《臺灣總督府檔案》，典藏號：00001792077

從當時公布的《臺南市區改正計畫圖》中可以發現，日人是在原有不規則的格子系統上，覆蓋許多放射狀路網，不同路網間的交會處是五個圓環，包含：臺南停車場（火車站）、大西門、小西門、大東門以及全市中樞地位的「大正公園」。[92] 這座圓環匯集了七條交通要道：除了在明治三十三年（一九〇〇）完成拓寬的三界壇街（之後稱錦町通，今民生路）與清水寺街（之後稱清水町通，今青年路）外，當時的南北向道路（今公園路、南門路）仍在興建之中。其他三條大路則僅只是地圖上紅色虛線的規劃，不過卻已充份展現日人對重塑臺南新市街的企圖。之後的大正九年（一九二〇）臺南市設立時，大抵仍依循明治四十四年（一九一一）的「臺南市街市區計畫」，之後雖陸續又有市區計畫擴張或修正變更，不過多屬邊緣或局部變動。

在一九一〇至一九二〇年代之間，隨著「臺南市街市區計畫」的逐步進行，開闢、拓寬了許多條重要的計畫道路，使得臺南市在街貌

1917年7月首批臺南市空拍圖，原臺南合同廳舍尚未興建前的周圍景觀

資料來源：臺南市文化資產保護協會，《35風華造府城》，2005

大正公園是典型具有現代化設施的公共建築　**資料來源：**日治時期明信片

上出現了重大轉變。其中綠園圓環的周圍包含：大正二年（一九一三）完成花園町通（今公園路）、大正四年（一九一五）完成幸町通（今南門路）、大正五年（一九一六）完成大正町通（今中山路）、大正十年（一九二一）完成開山町通（今開山路）、昭和二年（一九二七）完成末廣町通（之後在一九三八年完成延伸至大正公園，今中正路）於是大正公園順勢成為城市的中心，四周道路以此為起點向外呈現放射狀，各扇區道路橫縱交織成整齊的棋盤格路網。

從道路的規模來看，這些新闢或完成拓寬的道路，其路幅約為十二至二十二公尺，且道路規劃有序、寬敞整齊。在市區計畫陸續完成後，不僅成為臺南市區內的主要道路，也成為日治後期重要的商店街。相較之下，原來府城最繁榮的十字大街（本町通），卻因日治初期「市區改正」採取拆除道路中間店鋪方式，以致路幅僅有約九公尺，商家櫛次鱗比、街貌混亂擁擠。雖說日治初期這裡仍然是市區商業最

臺南大正町通

資料來源：《日治時期〔1895–1945〕繪葉書：臺灣風景明信片臺南州卷〔上〕》，頁 329

臺南銀座通

資料來源：《日治時期〔1895–1945〕繪葉書：臺灣風景明信片臺南州卷〔上〕》，頁 327

繁盛的地方，不過商圈發展卻因路幅狹小而受到阻礙，以致商業地位逐漸被末廣町（今中正路）、新町（今民生路）、公園街（今公園路）及其他地方所取代。

大正公園是典型具有現代化設施的公共建築。在兒玉壽像設置、「臺南市街市區計畫」公告之後，做為日人精心設計的市中心，其規模與面積範圍也不斷地擴大。綠園內有許多現代化設施，像是點亮路燈的供電系統、演說用的演講臺、音樂發表的舞臺、傳播資訊的廣播系統等；同時，也具有可以放鬆、欣賞的元素，例如鬱鬱蔥蔥的綠地、林木植栽與充滿西洋風情的噴水池、人行地磚等。

園外則藉由大型圓環讓重要官署建築圍繞綠園，包括：地方最高行政機關的臺南州廳（一九一六年完成興建，今臺灣文學館）、百姓接洽地方行政公務的市役所（原在州廳西側）、尋常民眾所敬畏的臺南警察署（原在州廳東側）、與地方民眾生活息息相關的錦町警察官吏派出所（一九〇九年設置，在今原臺南州廳東側）、展示日本統治成就的臺南州立教育博物館（一九二二年設置，原兩廣會館改建，今臺南美術館二館北側民宅）、現代氣象觀測啟蒙地的臺南測候所（一八九七年設，今臺南氣象站）、宣揚日本武道精神與練習武道運動的武德殿（原址在今臺南中西區區公所後側，一九三六年遷至臺南神社外苑、今忠義國小現址）等。

至於作爲防災空地的火防線內，在昭和五年（一九三〇）豎立起的「御大典記念塔」就是「原臺南合同廳舍」的前身。若從綠園再向外圍擴張，尚有公會堂、郵局、銀行、憲兵隊、學校、地方法院、山林事務所等眾多公共建築，當然也吸引了百貨、診所、藥局、報社、料理店、旅館、食品商行、遊藝場、寫眞館等各種行業的進駐。

這些不同於過往的都市元素，讓充滿中國傳統色彩的府城臺南，展現具有現代化性質的西洋市街風貌。至於綠園周圍這些具有

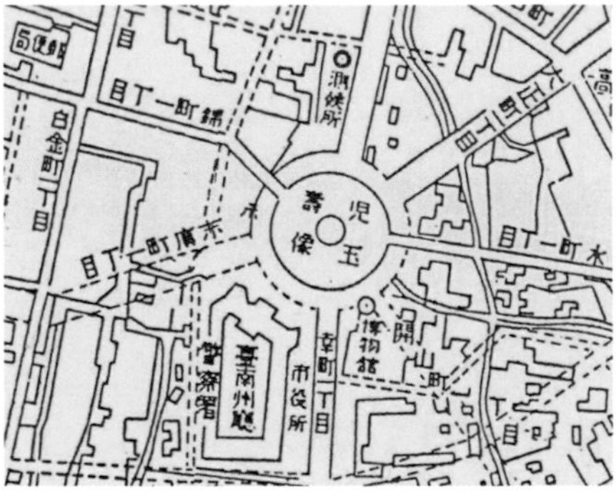

從一九二四年《臺南市全圖》可以發現大正公園被公署包圍的情況

資料來源：臺灣百年歷史地圖網站

政治意像的塑像、休閒設施、政府機構、具有文化教育意涵的測候所與博物館等強烈的政治氛圍與殖民統治象徵物，讓民眾成為日人公權力展現的受體，在不知不覺中吸收了「日本統治等於進步性」的宣傳，也加速了民眾對日本殖民政府統治的認同。[94]

值此同時，臺南廳當局有感於保甲壯丁團所改組的「臺南消防組」逐漸不符合消防救災的需求，爲了能健全消防組以從事各類消防活動，於是有了建置官設消防組的計畫。[95] 大正八年（一九一九）五月一日，臺南廳以訓令第七號發布「臺南消防組規程」、第八號發布「臺南消防組規程施行手續」；[96] 同年十月一日，在臺南公園舉行成立大會，臺南廳官員和市民數百名、打狗消防組幹部均參加，大會上消防組員演練救火技術和操作新式器具，以展示消防威力，宣告臺南消防組正式改制成立。[97] 於是繼臺北、基隆、臺中、打狗等地方之後，臺南廳也終於出現了「公設消防組」。[98]

日本當局對臺南消防組的領導人選頗爲重視，始終未覓得適任人選。最後土木建築業「住吉組」的住吉秀松，在臺南廳長、警務課長的懇求下，允諾擔任首任「頭取」（一九二二年改稱爲「組長」）。[99] 至於當時消防組員的選任，因爲成立過程倉促，而以臺南市的日人職工組織「內地人職工組合」爲中心，也就是以該組織成員為消防組員。結果因為組員素質參差不齊，使臺南消防組內部一直存在著部份組員霸道及相互排擠的問題，曾數度爆發嚴重的內訌，以及因受媒體批評而導致的暴力事件。之後在當局進行組織整治、補充消防組員、完善消防設備，又數度慰留及復聘住吉秀松擔任領導後，才使臺南消防組逐漸步上軌道。100

2、消防警鐘及「御大典記念塔」的設置

日治時期主要的火災警報設施係指電話、警鐘、警鐘臺或警鐘架、望火樓、火の見櫓等，這些都是由日人引進來臺。在電話尚未普及之前，警鐘可以說是左右消防工作能否順利推動的重要措施。通常警鐘會懸掛在一定高度的高架、高臺、高樓或望火樓之上，遇到火災

或警急事故，消防人員就立即敲擊警鐘，並依據實際情況改變敲擊的次數與節奏，讓民眾憑藉鐘聲就可以知道災害的遠近與類別。[101]

自日人領臺以來，為了能迅速發布消防訊號，全臺各地紛紛設置警鐘。主要設置地點多在當地公署、警察官吏派出所及重要市街，而且跟當地的消防組織關係密切。換句話說，消防組織成立的地方，往往也是警鐘設置的地點。[102] 日治時期，臺南市街陸續設置許多「警鐘臺」，其中最早的警鐘臺就在大正公園西側的錦町派出所前，也在火防線的範圍之內。

這座警鐘臺可能早在明治三十九年（一九〇六）以前就已經設置，在該年六月城外南勢街貸座敷翠月樓失火之際，就有「至廿二夜纔交一下鐘。耳際警鐘疊催。傳報城內米街冥紙舖。又不戒於火。時幸尚早人民未盡就寢。警官及消防組極力救護撲滅。燒失一棟。遂即鎮火。不致釀成大禍」等紀錄。[103] 明治四十一年（一九〇八）八月，臺南廳爲防備水火之災及其他緊急事故，又決定在該轄區增設三十九處警鐘，其中臺南市街就設置了十五處。[104]架設在錦町派出所前的警鐘臺，曾在明治四十四年（一九一一）九月的颱風中遭到摧毀，所謂：「對面（錦町）警察派出所。警鐘之架高數丈。亦行跌落。左折入安海街。倒落家屋二間。環此而行」。[105]至大正十二年（一九二三）十月以後又決定在臺南市大宮、新町、永樂、福住、壽町、明治、開山等七處派出所前新築二十四尺高（約八公尺）的警鐘臺，同時也修復最早錦町派出所前警鐘臺；[106]之後又將警鐘臺高度提升至三十五尺高（約十一點七公尺），部分並由木造改爲鋼筋混凝土建築。[107]此外，在臺南決定設置「御大典記念塔」之前，臺南市役所曾編列預算，預計在臺南公會堂屋頂設置警鐘臺，並設置「電動警報器」（モーターサイレン）。這與過往在派出所前設置警鐘臺的規劃有所不同，但應該也具有消防警報的功能，只是當時地方也有在公會

臺灣最早的消防高塔（火の見櫓）——
大正六年（1917）落成的「臺北本町消防詰所」

資料來源：日治時期明信片

現藏於臺南消防博物館內的
日治時期消防警鐘

堂屋頂設置升旗臺的爭議，所以一直未能實際施作。[108]

「御大典記念塔」落成於昭和五年（一九三〇），[109] 這是一座六層樓高的鋼筋混凝土建築，塔高二十三點五公尺，是當時臺南市最高的建築物。設置時初名爲「火見樓」或「望火樓」，也就是警戒火事的高臺，現代一般稱爲「消防高塔」，由於同樣在塔上設有警鐘，因此其功能也同於前述的警鐘臺。

相傳此類建物源於日本江戶時代就出現的「火の見櫓」（ひのみやぐら），據說最初設置於「明曆大火」的次年，是當時災後的新制度與措施。塔樓上隨時有常備消防手輪值，負責瞭望是否發生火災，一旦有火災就敲擊警鐘以告知居民，並立即確認起火地點，

109 有關「記念塔」之稱謂，因日文史料在稱呼此一建築時主要稱之為「御大典記念塔」，而非「紀」念塔，因此若有提及此一建築時，本書仍沿用「御大典記念塔」之稱。

以便救災人員迅速抵達火場，藉此確保地方的防火安全。臺灣最早的「火の見櫓」是大正六年（一九一七）落成的「第一消防詰所」（後改稱「臺北本町消防詰所」），其塔高七十尺（二十三點五公尺），一樓是「府前街警官派出所」。[110]

有關「御大典記念塔」的設置，從名稱就可以知道設置的目的是爲了慶祝日本昭和天皇的「御大典」，也就是天皇的「聖上即位式」及「大嘗祭」等一連串的即位儀式。昭和天皇繼位（一九二六年十二月二十五日）之時，就依據皇室典範規定，確定御大典在昭和三年（一九二八）秋天於京都舉行（之後日期定在十一月六日）。[111] 當時全日本乃至全臺各地都有慶祝御大典的紀念活動或相關紀念物的設置，臺南地方自然也不例外。

除了積極成立「御大典記念事業委員會」，昭和三年（一九二八）三月首先提出第一項「臺南御大典記念事業」在南門外「建設一大運動場」，也就是今日「臺南體育場」的前身。之後又陸續在玉井糖廠內建玉井神社、在臺南神社設置外苑、整修重要聯外道路、在道路兩旁種植果樹、舉辦公學校聯合運動會等，更有許多活動或建設都被冠上「御大典記念」的名稱。昭和三年（一九二八）十月三十一日，也就是御大典舉行的前六天，「御大典記念事業委員會」決定在州廳旁「消防詰所」（消防值勤室，即前述消防倉庫）的位置上新設一座與「臺北本町消防詰所」等高的七十尺「御大典記念塔」，將原來規劃在臺南公會堂屋頂上設置警鐘臺的經費六千圓，再加上紀念事業費的兩千圓，共八千圓的預算將「記念塔」完成，並在塔上增設國旗臺，做為日後慶祝活動的升旗地點。113 不過這座記念塔之後又陸續進行設計變更，以致後續的實際建設經費高達約一萬九千圓左右。114

在御大典舉行前六天才決定興建七十尺高的記念塔，似乎是個稍嫌匆促的提案。這個決定除了可能與大正六年（一九一七）落成的

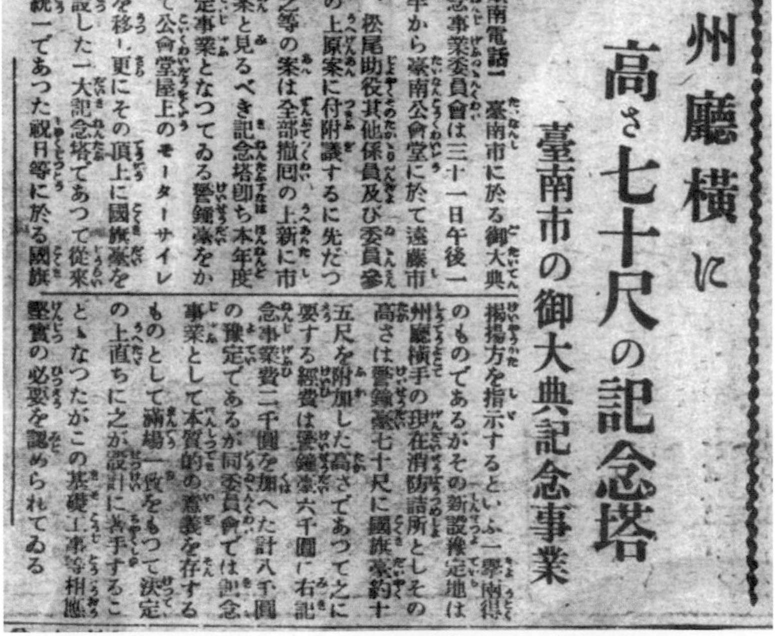

州廳横に
高さ七十尺の記念塔
臺南市の御大典記念事業

【臺南電話】臺南市に於る御大典記念事業委員會は三十一日午後一時半から臺南公會堂に於て遠藤市尹、松尾助役其他係員及び委員參集の上原案に付附議するに先だつて之等の案は全部撤回の上新に市の案と見るべき記念塔即ち本年度豫定事業となつてゐる警鐘臺をかねて公會堂屋上のモーターサイレンを移し更にその頂上に國旗臺を新設した一大記念塔であつて從來不統一であつた祝日等に於る國旗掲揚方を指示するといふ一擧兩得のものであるがその新設豫定地は州廳横手の現在消防詰所としその高さは警鐘臺七十尺に國旗臺約十五尺を附加した高さであつて之に要する經費は警鐘臺六千圓に右記念事業費二千圓を加へた計八千圓の豫定であるが同委員會では記念事業として本質的の意義を存するものとして滿場一致をもつて決定の上直ちに之が設計に着手することゝなつたがこの基礎工事等相應堅實の必要を認められてゐる

有關日人在御大典舉行前六天決定設置七十尺高「御大典記念塔」的相關報導

資料來源：《臺灣日日新報》，一九二八年十一月二日，五版

《臺灣日日新報》刊載「御大典記念塔」興建中的情況

資料來源：《臺灣日日新報》，一九三〇年一月二十六日，二版

一九三〇年二月《臺南新報》刊載福特汽車舉辦臺南到鵝鑾鼻不停車行駛試驗活動，由臺南州廳（今臺灣文學館）前出發的照片，在背景可以看到在興建中的御大典記念塔

資料來源：《臺灣古寫真上色》，王子碩老師提供

「臺北本町消防詰所」有關，實際上從明治四十一年（一九〇八）十一月消防倉庫完工後，大正公園西側做爲消防詰所、倉庫與消防練習場已有長達二十多年的時間。大正八年（一九一九），臺南正式成立官設消防組織——「臺南消防組」，不過長久以來都以首任頭取住吉秀松的「住吉組」（土木建築業）爲辦公處所。隨著消訪觀念愈加成熟，加上大正十年（一九二一）總督府以敕令第二〇六號公布〈臺灣消防組規則〉後，大正三年（一九一四）五月臺南市正式設置「常備消防組」（公設消防組）。初期組織經費不足，僅先設常備消防手兩人（原計畫設置六人）；[115]同年十月住吉秀松又捐贈臺南消防組「幫哺消防車」（自動車ポンプ）[116]，顯示當時臺南市確實需要新設一處消防辦公處所。

值此同時，「臺南消防組」首任頭取（組長）住吉秀松在昭和三年（一九二八年）十月突然去世。由於住吉秀松對於早期臺南消防發展有極大的貢獻，曾參與「臺南消防組」的成立，經常捐助消防設備與經費，也曾參與全島消防會議，成爲臺灣消防協會創會會員。之後，住吉秀松更有「臺南消防之父」之稱，所以他當時突然離世，對設置消防紀念高塔似乎也有推波助瀾的作用，甚至也有人認爲此座高塔就是爲了紀念助吉秀松所興建的。

《臺灣日日新報》刊登御大典記念塔竣工時的照片

資料來源：《臺灣日日新報》（日文版），一九三〇年四月二十七日，五版

翻閱相關記錄可知，日人對記念塔始終沒有完整的規劃。昭和三年（一九二八）十月三十一日決定設置之後，立即就在同年的十一月十日舉行「地鎮式」（開工動土儀式），當時報導僅僅提到會把地上的警鐘臺（錦町派出所前）移到新建的高塔之上，使整個新建築可以高達八十四尺（二十八公尺），並提及「消防詰所」被設置在記念塔內。[118] 至於有關記念塔的設計規劃，根據報導是由臺南州內務部土木課技師所設計（當時主任技師爲公莊勝二郎，他也是臺南市役所庶務課、水道課的土木技師），再交由當時著名的臺灣總督府技師井手薰進行審閱修正，並討論將會在記念塔適當處安置「臺南消防之父」住吉秀松的半身銅像。

在完整設計越來越明確的同時，建設經費卻也不斷地攀升，從最初的八千，增加到一萬、一萬三千圓、一萬五千圓，最後更達到一萬九千圓，比起原本的預算已經超過兩倍不止，過程中也被當局認爲應該要修正設計以節省建設經費。[119] 由於建築設計與經費的不斷修正，連帶使記念塔的工程一再延宕。之後又經過多次工程開標及流標，終於在昭和四年（一九二九）十月中正式開工，隔年（一九三〇）四月建築物就已大體完竣。工程原本預計將在四月二十四日消防紀念日舉行落成儀式，之後又因故順延到四月二十九日天長節，將記念塔落成做爲祝賀昭和天皇生日的活動之一。[120]

120 有關昭和 5 年（1930）4 月 29 日臺南祝賀天長節與記念塔落成的情況，據當時《臺灣日日新報》所載：「御大典紀念塔，建於消防詰所前，去十九日經竣工檢查，卜天長節午前七時舉落成式，招待知事以下官民百三十名列席，公莊技師報告工事，堀內市尹式辭，來賓祝辭，式後少宴云。」

昭和五年（一九三〇）五月八日在記念塔前又有「故住吉秀松胸像除幕式」，也就是前述住吉秀松的半身銅像的揭幕儀式。這座半身銅像是臺南消防組有感於住吉秀松對臺南消防的長期貢獻，在他逝世以後，臺南消防組員及有志之士特地向大阪今村銅器鑄造所訂製的銅像，以資永久留念。昭和四年（一九二九）十月十四日銅像從日本運抵臺南，之後先暫放在「消防組詰所」，御大典記念塔落成後才將銅像安置在「消防組詰所」左側轉角消防器具置場的樓頂。

一九三〇年代在夜間點燈裝飾的臺南御大典記念塔

資料來源：《臺灣古寫真上色》，王子碩老師提供

至於在消防高塔前設置相關重要人物的銅像，應該是仿自大正六年（一九一七）落成的「臺北本町消防詰所」二樓露臺，上面也有臺北消防組首任頭取澤井市造的半身銅像。當時臺南州知事永山止米郎、臺南市尹堀內林平都出席了住吉秀松半身像的揭幕式，許多民眾自主參與盛會，可見官民對此活動的重視。121 昭和五年（一九三〇）十月七日出版的《臺南市大觀》一書中有「御大典記念塔」的照片，讀者可以看到二樓露台上已經立有這座半身銅像。122

在一九三〇年七月出刊的《臺南市大觀》，
書中的御大典記念塔二樓露台已有住吉秀松的半身銅像

資料來源：小山權太郎編纂，《臺南市大觀》，一九三〇年

從林百貨店樓上往對街拍攝（當時土地銀行〔日本勸業銀行臺南支店〕尚未興建），在角落可以看到高聳矗立的御大典記念塔

資料來源：《臺灣古寫真上色》，王子碩老師提供

從臺南神社遠眺市街景色，可見御大典記念塔的身影

資料來源：《日治時期〔1895–1945〕繪葉書：臺灣風景明信片臺南州卷〔上〕》，頁 327

御大典記念塔

基本資料整理表

所在位置	■臺南市幸町
構造	■鋼筋混凝土建築及磚造建築之六層樓消防高塔＋一樓消防詰所
設計監督	■臺南州內務部土木課（主任技師公莊勝二郎）、府技師井手薰審閱
興建日期	■一九二八年十一月十日興建，一九三〇年四月二十九日落成
建設經費	■一萬九千円
所屬單位	■臺南消防詰所、臺南消防組
坪數	■約爲十六坪（土臺大體四間四方）、一樓消防詰所不明
一樓	■消防組結所、露臺處有住吉秀松的半身銅像
塔頂	■消防警鐘臺

●資料來源：《臺灣日日新報》（日文版），一九三〇年四月四日，夕刊二版；（日文版），一九三〇年四月十八日，五版；（漢文版），一九二九年十月十八日，四版；（日文版），一九三〇年五月九日，五版。

（三）「臺南合同廳舍」的出現

臺南合同廳舍興建於昭和十二年（一九三七）五月十九日，落成於昭和十三年（一九三八）四月二十五日。由臺南州廳內務部營繕課所設計監督（主任技師為住谷茂夫），建築工事由諏訪免作藏承攬，工事費用絕大部分為臺南州糖業聯合會所贊助。這是一座以保留「御大典記念塔」為前提──用「御大典記念塔」的框架與條件進行水平和立體的修正與擴增──所興築的三層樓鋼筋混凝土建築及磚造建築。所謂的「合同廳舍」就是聯合辦公廳，當時日人整合了「消防詰所」、「錦町警察官吏派出所」和新設「臺南州警察會館」而成立「臺南合同廳舍」。本節主要論述「臺南合同廳舍」的設置過程與興建後的發展情況。

日人完成「御大典記念塔」後短短七年，就將之改建為「臺南合同廳舍」。推究原因，依據昭和十三年（一九三八）五月二十八日落成式時，當時臺南州知事川村直岡在〈知事式辭〉就曾直截了當地說：

惟ふに各種團體が團體員の融合親睦の機關を設けて、その結合をくし、以て團體的活動の強化に責し、或は慰安休息の便宜を圖をて心機一轉に供し、以て當に新鮮なる活力を發揮せしむるは團體の使命達成上最も必要なり、各團體に俱樂部又は集會所等の設置せらる、故なきに非ざるなり。

上述文字特別強調，當初興建這座建築的原始目的在於提供團體活動、休息處所等功能（類似俱樂部或集會所的性質），也

課長の開式の辭に次ぎ、住谷技師の工事報告あり、委員長川村知事の告辭、來賓祝辭及祝電披露あつて閉式、引續き館內ホールにて祝宴を開き、午後一時和氣藹々裡に散會した。

警察會館は八客室（八疊二、六疊五、洋客室一）及四十四疊の大廣間一、食堂、浴室、圖書室、娛樂室、調理室、事務室、講堂等各所共技術建築の粹を取り、內容外觀共に堂々たるもので、警察職員諸兄來南の折、旅塵を拂ひ旅の勞苦を慰安し得る事を確信する。

知事式辭

維時昭和十三年五月二十五日臺南警察會館、臺南市消防詰所並に臺南警察署錦町警察官吏派出所の三者一體の警察合同廳舍工事竣工し本日の吉辰をトし落成の式を擧ぐるは本官の洵に欣快とする所なり。

惟ふに各種團體が團體員の融和親睦の機關を設けて、その結合を固くし、以て團體的活動の強化に資し、或は慰安休息の便宜を圖り以て心機一轉に供し、以て常に新鮮なる活力を發揮せしむるは團體の使命達成上最も必要なり、各團體に倶樂部又は集會所等の設置せらるゝ故なきに非ざるなり。

而して我臺南州警察はその親和協調上下一體の淳風古くして全島に冠たり、而して更に百尺竿頭一步を進めて之を具現する施設を欲すること久しかりしが偶々錦町警察官吏派出所改築の要に迫られたると臺南消防詰所擴充の機運の熟せると相俟つて茲に三者合同の警察會館建設の議起り、今茲に其の實現を見る。輪奐宏壯にして華麗臺南の中心に壯觀を加ふ。實に欣快に堪へざるなり。

本館建設に當りては州下各方面特に糖業聯合會より絕大なる援助を賜はりたるは衷心感謝に堪へざる所謹みて此の機會に深く感謝の意を表す。本館は其の構造堅牢にして、淸楚雄大、通風採光共に十全を期し以て職員の執務所及集會

在「臺南合同廳舍」落成時，州知事川村直岡在〈知事式辭〉中提出興建的原因

資料來源：古谷野高二，〈臺南通信 臺南警察會館落成〉，收入《臺灣警察時報》，272 期，頁 172

就是「臺南州警察會館」的意義。不過在〈知事式辭〉也提到，籌畫設置警察會館的同時，由於「錦町警察官吏派出所」出現年久失修、「臺南消防詰所」亦有擴充空間的需求，於是產生將三者合而爲一的提議，最後就整合成「臺南合同廳舍」。

目前筆者所能掌握的，最早有關於興建臺南警察會館的傳聞，是在昭和十一年（一九三六）五月由臺灣公論社臺南支社所主辦的一次有關臺南市商業狀況的座談會中，藥局負責人林虎三氏提到：「近く臺南でも警察會館を作られると云ふ噂があります、之が實現の曉には旅館業者に相當影響を見るのではあるまいか。」他聽到傳聞說，最近臺南要興建「警察會館」，若傳聞屬實，有可能會對臺南旅館業者造成很大的影響，而當時這個傳聞並未提及建築群會納入錦町派出所、臺南消防詰所等機構。

前述〈知事式辭〉所提：「錦町警察官吏派出所」年久失修，

以及「臺南消防詰所」有擴充空間需求的情況，可以稍加探討。「錦町警察官吏派出所」，設置於明治四十一年（一九〇八）十月，原稱爲「三界壇街警察官吏派出所」，在當時已是近三十年歷史的老建築。早期派出所多屬木構建築，不僅維修保存不易，外觀更與大正公園周圍新式建築差異甚大，可以理解〈式辭〉所稱派出所年久失修的情況。

至於此時「臺南消防詰所」部分，由於昭和五年（一九三〇）年至昭和十三年（一九三八）間可以說是臺南消防發展變化最快的階段，不僅「常設消防手」由六名逐年增加至十二名（含消防組員共計七十八人），且消防救災設備的質量也不斷提升，當時屬臺南州消防組擁有自動車瓦斯倫喞三部、手挽自動車瓦斯倫喞一部、手挽水管車四部、腕用喞筒兩部，救助袋一個、纏兩個等。其中最重要設備都放置在臺南消防詰所（第一部），包含在昭和八年

○臺南警察會館建設計畫

當州に於ては、州廳前に警察會館を建設すべく計畫し、かねて州土木課に其の設計を依頼中の處、最近設計も出來上り、且つ敷地並に家屋買收、立退料等の問題も決定し、年内に工事契約を取結び、昭和十二年の新春早々着手の豫定である。尚既に消防詰所及車庫は其の西側空地に假屋を建設して移轉し、其の跡の取壞しを開始した。警察會館の總工費は十二萬圓の豫定で、建物は近代式總三階建、煉瓦造り、主要部は鐵筋コンクリート補強工事が施されることになつて居り、坪數は會館總延坪四百四十八坪餘、錦町派出所四十七坪餘、消防組二百四坪餘、計七百三十餘坪で、各階の設備は、一階は廣間、事務室、階段室（三）、娛樂室、番人居間、調理室、洗面所、便所、北側中央部に派出所、南側に消防自動

昭和十二年（一九三七）二月小出嘉男〈臺南警察會館建設計畫〉的局部內容

資料來源：小出嘉男，〈臺南警察會館建設計畫〉，載《臺灣警察時報》，255 期，頁 160

（一九三三）八月所新購置的消防自動車，[125]又有新設的水防組等。由此也不難推知當時人員與消防救災設備不斷增加，以致出現嚴重空間不足的窘況。[126]

當時警察會館的總預算初估爲十二萬圓，爲具有現代式建築風格的三層樓建築，以鋼筋混擬土柱樑爲主要結構。建築地坪總面積爲七百三十餘坪，其中警察會館爲四百四十八坪、錦町派出所爲四十七坪、消防組爲兩百零四坪。各層樓空間設備規劃如下：一樓部分有廣間（入口大廳）、事務所（辦公室）、階段室（樓梯間）、娛樂室、番人居間（管理人室）、調理室（廚房）、洗面所、便所（廁所）。中間部分爲派出所，南側消防組部分有消防車車庫、消防器具置場（消防用具儲藏間），車庫門洞寬敞，面寬五間（約九公尺，大概是我們今天街道常見兩間房屋的寬度），可以收納六輛消防車。

二樓設有圖書室、階段室（樓梯間）、食堂（餐廳）、會議室、另有消防事務室（消防辦公室）、消防休憩室、消防浴室、配膳室（備餐室）、廊下（走廊）、便所（廁所）。三樓是住宿空間，有七間疊敷座敷（榻榻米墊房間）、一間洋室（西式房間）和一間四十四疊敷廣間（有四十四個塌塌米的大通鋪），還有四間消防宿舍、廊下（走廊）、便所（廁所）、洗面所、倉庫和階段室（樓梯間）等等。至於消防塔內部的狹隘空間，也將會進行修繕工事，整個內部空間預期將以現代風格呈現。這座內外兼美的巨大建築竣工之後，將與隔街矗立的臺南州廳共同成爲臺南市區最具代表性的華麗景觀。

昭和十二年（一九三七）五月十九日下午四點，臺南合同廳舍在雨中進行「地鎮祭」（動土儀式），由臺南神社的松本賴光宮司主持，臺南州知事川村直岡及警務部各課長、臺南警察署署長、嘉義警察署署長、各郡警察課長等共同參與。由參與者皆屬臺南州轄下的警察官員可見，官方對此建築主要仍著重在「警察會館」部分的意義。不過當時報導仍然提到建築竣工後對十三萬臺南市民在防火與維持治安的幫助。另外也有報導指稱興建的總經費是二十萬圓，這比較有可能是筆誤。[128]

昭和十三年（一九三八）一月十九日下午五點二十分，臺南合同廳舍在三樓屋頂設壇進行「上棟式」（上樑儀式），報導中記載建築工事由諏訪免作藏所承攬，[129] 當時已大抵完成主體工事。此次「上棟式」由臺南州內務部長鶴友彥等警察及工程機關人員參與外，臺南消防組也有田口宇一、桐憲三等兩位副組長參與，田口副組長也是「玉串拜禮」的代表之一（此儀式是手持綁上白色菱形紙條

129 諏訪免作藏在 1936 年曾承攬臺南神社外苑工程第二期工事與大日本武德會臺南支部武德殿之工事，這 2 處工事大部分都在今天的忠義國小內，十分鄰近原臺南合同廳舍。

的楊桐樹枝，在神明前行拜禮奉獻，表示和神明締結契約），可見當時官方對於臺南合同廳舍不再只侷限於警察會館的功能。在部分報導中也提到各樓層的設備規劃，且更清楚說明各單位的所屬空間情況，不過基本上與前述計畫大致相同，只有警察會館二樓部分增加一處浴室、會議室改爲集會所，又在警察會館三樓部分的疊敷廣間（埸埸米大通鋪），從四十四疊增加到五十疊。值得注意的是，當時不僅《臺灣警察時報》、《臺灣日日新報》有臺南合同廳舍上棟式的相關報導，甚至作爲前線軍中刊物的《陣中慰問》也有相關文字。

昭和十三年（一九三八）四月二十五日，臺南合同廳舍竣工，五月二十八日上午十一點在大正公園廣場舉行臺南合同廳舍落成式。臺南州知事川村直岡及內務部長鶴友彥、警務部長西村元太郎及所有課長、市尹古澤勝之、臺南警察署署長谷口琴次、臺南消防組長村上

《臺灣日日新報》刊載臺南合同廳舍上棟式之照片

資料來源：《臺灣日日新報》(日文版)，1938 年 1 月 21 日，5 版

玉吉等共三百多人共同參與，也有來自臺北、高雄、澎湖等地的警務官員蒞會。當時的知事川村直岡在〈知事式辭〉中特別感謝「臺南州糖業聯合會」贊助了臺南合同廳舍的絕大部分工事費用，也鼓勵各地警察日後來臺南可選擇在會館內居住，儀式完成後還在館內舉行慶祝宴會。

當時不少報導曾提及各樓層的設備規劃，其中與之前的不同之處，除了新增一處講堂外，原來警察會館三樓的疊敷廣間（塌塌米大通鋪），從五十疊又回到了四十四疊，也詳細說明七間疊敷座敷（榻榻米墊房間）的大小（八疊大的有兩間、六疊大的有五間）。另外也提到市役所購入輸出功率達二十五匹馬力的消防警報器（サイレン），並放置在消防塔內。隔年（一九三九）小學鄉土教材《臺南市讀本》中很快就出現〈消防組〉一文，裡頭就有關於「臺南合同廳舍」南側消防詰所的介紹。文中除了提及宏偉壯觀的消防高塔外，也提到在消防組前隨時有輪值的組員，又敘述了停駐在車庫內的三輛消防自動車以及過往消防組出動時以手搖蜂鳴器提醒路人等情形。[132]

落成式に於ける川村知事告辭

《臺灣警察時報》刊載臺南合同廳舍落成式之照片

資料來源：《臺灣警察時報》，272 期，頁 173

《臺灣建築會誌》所載一九三八年臺南合同廳舍之照片

資料來源：《臺灣建築會誌》，十卷四期，附圖

臺南合同廳舍

初期基本資料表

所在位置 ■臺南市幸町

構造 ■鋼筋混凝土建築及磚造建築之三層樓建築（中圍繞六角天井）、六層樓消防高塔

設計監督 ■臺南州內務部營繕課（主任技師住谷茂夫）

建築工事 ■諏訪免作藏承包

興建日期 ■一九三七年五月十九日興建，一九三八年四月二十五日落成

建設經費 ■十三萬一千九百八十四円

所屬單位 ■臺南州警察會館（北側）、消防詰所（南側）、錦町派出所（中間東緣）

坪數 ■七百三十四坪（含警察會館四百四十八坪、錦町派出所四十七坪、消防組兩百零四坪）

一樓 ■會館廣間、娛樂室、消防組結所、錦町派出所、保甲事務所

二樓 ■圖書室、集會所、食堂、男女浴室、十八疊日本間

三樓 ■宿泊室七間（洋間一、六疊日本間四、八疊座敷一、八疊上部屋一）、合宿室四十四疊一間、消防組宿泊屋四間

消防塔 ■二十五匹馬力警報器（サイレン）

●**資料來源：**《臺灣建築會誌》，十卷四期，附圖；古谷野高二，〈臺南通信臺南警察會館落成〉，載《臺灣警察時報》（臺北：臺灣警察協會，一九三八），兩百七十二期，頁172-173；《臺灣日日新報》（日文版），一九三八年五月二十四日，九版；《臺灣日日新報》（日文版），一九三八年五月二十九日，九版。

臺南合同廳舍落成之後，由於廳舍前方的大正公園原本就是臺南市民經常活動出入的場所，此區又是臺南市區的新都會中心，臺南警察會館又有娛樂俱樂部與集會所的功能，因此之後陸續有些活動就選擇在會館內舉行。

依據《臺灣日日新報》的記載：昭和十三年（一九三八）八月十八日舉辦「第三回全日本アマチュア將棋選手權大會」（全日本業餘將棋選手權大會）的臺灣地方預選比賽，當時北臺灣預選會場在「臺北市明石町」的「臺北州會館」，南臺灣預選會就設在「臺南州廳」前的「臺南警察會館」（過往都在臺南公會堂舉辦）。昭和十三年（一九三八）十月二十日舉辦「洋藥業者打合會」（西藥業者協調會），由州衛生課長野田兵三召集臺南州轄下的西藥業者及代表十三名，共同商討創立「臺南州藥業連合會」及非常時期（戰爭時期）西藥公定價格的問題。昭和十四年（一九三九）二月六日「南臺灣資源統制會社」也在館內舉辦總會的創立，共有來自南臺灣各地的五十七名股東業主參加，監督官廳亦有內務部衛生課長野田兵三、警務部保安課長竹村將城及臺南警察署長榊原壽郎治等人列席。除了討論會社的設置方針、議長選舉與設置本社、分社等事務問題外，主要也是討論非常時期（戰爭時期）有關各種資源的管制。[135] 昭和十四年（一九三九）十月八日臺南州刑事課辦理「刑事講習會」，召集了二十五名適合擔任刑事工作的警官，在臺南州警察會館內進行兩星期的講習活動。[136] 昭和十四年（一九三九）十一月十五日「全島水利大會」在館內舉行陳情委員會，由全臺五州二廳七委員會的進行意見交流，探討有關水利行政機關的擴權、農藥、土水等相關事務。[137] 一直到昭和十六年（一九四一）六月九日仍有「警察官特別教養講習會」在臺南警察會館進行為期二十天的講習活動。[138]

在州廳前小公園旁的臺南合同廳舍

資料來源：日本時代明信片，郭宣宏老師提供

由此可見，在臺南合同廳舍設置之後，使得臺南新增一處可以舉辦各類娛樂、會議及講習活動的地點，只是隨著進入戰爭的非常時期，各種活動趨於減少，會館的使用率也降低了。

一九三〇年代以後，臺灣逐漸籠罩在戰爭的陰影下。昭和十八年（一九四三）三月二十六日，日人公布「臺灣警防團令」。同時解散民間原有的防護團、壯丁團、消防組，將人員與警戒防禦水火災的消防組合併新設「警防團」，成爲國防機關之一。[139] 當時臺南市的臺南消防組、公設消防組皆被改制爲「警防團常備消防部」，隸屬當時臺南市役所，也開始招考臺籍民眾擔任常備消防手。因戰爭後期日本失利，臺灣屢受盟軍戰機轟炸，火災案件頻傳，消防工作顯得比以往更爲重要。日人遂將消防組織改制爲「消防署」，位階與警察署平行，署長由警察署長野里秀夫兼任，署址仍在臺南合同廳舍南側的「消防詰所」。[140]

近年在「原臺南合同廳舍」進行整修工程時發現，在原錦町警察官吏派出所事務室（今臺南消防局中正分隊值班臺後）裡，有一道長期封鎖的地下門洞，後來確定門洞下方是一道狹窄的階梯，往下走是向大正公園延伸的地下通道，推測這可能是爲了因應戰爭空襲所開鑿的「地下防空通道」。由於當時臺南州廳爲盟軍重點轟炸的目標，爲了防止與減輕空襲所造成的危害，設置「防空通道」以提供臺南合同廳舍相關人員入內躲藏。目前防空洞已被回填，並以地磚遮蓋。141

141 《聚珍臺灣》總監王子碩老師認為此防空洞具有重要的歷史意義，建議未來可採鋼化玻璃地板做現況展示。

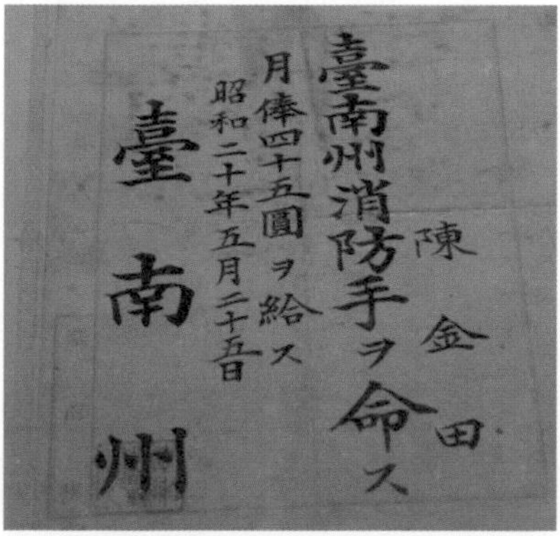

陳金田
臺南州消防手ヲ命ス
月俸四十五圓ヲ給ス
昭和二十年五月二十五日
臺南州

日治時期一期臺籍消防手
陳金田的任命及薪資

資料來源：翻攝自臺南消防史料館

在二戰中被轟炸的臺南州廳及臺南合同廳舍　**資料來源：**《臺南市志稿．卷首》，頁 77。

「原臺南合同廳舍」錦町派出所事務室內發現疑似防空作用的地下通道

資料來源：《聚珍臺灣》總監王子碩老師

目前疑似防空作用的地下通道入口已經被封住，舊入口以不同顏色的地磚做出區隔以標誌保存歷史現場

(四)

戰後「原臺南合同廳舍」的歷史變遷

民國三十四年(一九四五)八月,中華民國對日抗戰勝利,日本無條件投降,臺灣由國民政府接管,行政工作主要由臺灣省政府長官公署負責。當時規劃以州為單位,組織各州接管委員會,臺南市在日治時期為臺南州所轄區域,因此接管工作屬「臺南州接管委員會」。十月二十五日,臺灣地區的受降典禮於臺北公會堂舉行。十一月八日,臺南州接管人員由臺北搭乘火車南下,是日下午抵達臺南市。翌日(十一月九日)正式成立臺南州接管委員會,上午八點於臺南州廳舉行升旗典禮後,隨即接管臺南州的印信,並展開各項接管工作。

待接管工作告一段落,十二月十四日即成立臺南市政府。此時州轄臺南市也改制為省轄市,從而與臺南縣分離,並由臺灣省政府長官公署指派韓聯和擔任首任臺南市長，也膺任臺南州接管委員會的主任委員。民國三十五年（一九四六）一月五日，臺灣省行政長官公署以「署民甲字第六一號令」要求各州廳接管委員會辦理結束，行政工作亦移交給各縣與直轄市政府。[142] 由於「原臺南合同廳舍」分屬三個不同單位，各有專用入口及獨立空間。戰後不同單位進駐，後續發展也大不相同。以下分別就：「原消防詰所」、「原錦町警察官吏派出所」、「原臺南警察會館」等單位進行敘述，並介紹近年來本建築的修復工程及新發展。

1、南側的「原消防詰所」部分

原在「臺南合同廳舍」南側的消防詰所，在日治後期由新設的臺南消防署進駐，但戰後臺南消防署由臺南市警察局接收，由市警

戰後初期的臺南合同廳舍曾被漆成暗紅色

資料來源：翻攝自臺南消防史料館

局保安課指揮監督，改稱爲「臺南市警察消防隊」，首任隊長爲市警局督察吳祥麟，之後隊長大多由警局相關課長兼任。戰後臺南市的消防據點，仍在臺南合同廳舍南側，只是絕大部分的消防器材及設施已遭戰火摧毀，僅剩六輛普通消防車勉強使用，消防人員亦因日籍隊員被遣送返日、部分臺籍隊員被改調派出所，以致出現人力短缺、消防器材匱乏的窘境。[143]

所幸時任臺南市警民協會理事長的侯全成醫師根據臺灣省行政長官公署警務處訂定〈各縣市義勇消防隊服務辦法〉，努力召集過去臺南消防組的幹部及成員，於民國三十五年（一九四六）十月十日成立臺南市義勇消防隊。首任隊長由臺南市參議會議員張壽齡先生擔任，初期成員共有六十人，之後又陸續增加至一百二十五人，[144] 協助支援救災，並增購消防車等設備，一時解決戰後初期人員短缺與設備不足的問題。[145] 發生火災時，除了消防隊與義消，警察局保安

戰後臺南消防隊戰技表演及消防演習情況　**資料來源**：翻攝自臺南消防史料館

戰後臺南消防隊消防車參與消防演習　**資料來源**：翻攝自臺南消防史料館

隊員也會出動協助搶救。

之後臺南市義勇消防隊曾歷經多次改組，如 1951 年改為「民眾反共自衛總隊消防大隊」、1953 年又改組為「民防總隊義勇消防大隊」等。

民國四十七年（一九五八）出版的《臺南義勇消防隊成立十週年紀念大會特刊》

資料來源：翻攝自臺南消防史料館

民國四十五年（一九五六），臺灣省政府警務處為統一各縣市消防隊管理，將消防隊更名為消防警察隊，臺南市警察局消防隊也在三月份更名為「臺南市警察局消防警察隊」。當時為了解決消防經費與設備不足的問題，曾在民國四十四年（一九五五）與民國四十八年（一九五九）兩次發動募款，以添購消防救災設備，顯見戰後消防業務經營的拮据與困難。[146]

民國五〇年代以後，臺南市消防業務逐漸趨穩定。民國五十四年（一九六五），臺灣省政府警務處正式成立消防科，各縣市消防隊改為警察局之直屬單位，本市消防隊也脫離保安科成為市警局直屬單位，隊長也不再以警局課長兼任，戰後首任隊長由萬國樞先生專任。

民國五十五年（一九六六）九月二十六日，臺灣省政府警務處頒布〈臺灣省各縣市警察局（所）消防業務權責移轉案〉，規定各縣市劃分消防責任區，實施安全檢查，由消防警察隊隊長綜理消防業務，這也顯示消防工作受到省府的益加重視，相關經費與設備也較過往充足。同年十一月，臺南市警察局消防第一分隊設立，以成功大學校舍爲駐地，「原臺南合同廳舍所在」則仍爲隊部與第二分隊之駐地。

當時臺南機場有美軍進駐，因此臺南市警察消防隊與駐臺美軍消防隊有許多互動往來。不僅多次獲贈消防設備（消防泡沫原液及消防車三輛），一同進行聯合消防演習，更在民國五十五年（一九六六）二月雙方簽訂互助救火協定。民國五十八年（一九六九）年底，臺南市警察消防隊獲得臺南市扶輪社所贈救護車一輛，這是臺南市首部救護車，也開啟本市緊急救護任務。[147]

民國六十四年（一九七五）七月，從戰後就以「原臺南合同廳舍」爲駐地的臺南市警察消防隊隊部，感於廳舍老舊狹隘、不符需求，遂與消防第一分隊遷移至原美軍俱樂部廳舍（今臺南勞工育樂中心）做爲暫時消防據點，至於原處所僅做爲「臺南市警察局消防第二分隊」之駐地。[148]

而後臺南消防單位屢有改制，民國八十七年（一九九八）七月更升格成立臺南市消防局，「臺南市警察局消防第二分隊」也改制爲「臺南市消防局第一大隊中正分隊」，之後至民國九十九年（二〇一〇）十二月臺南縣市合併之後，這個消防駐地又改制更名爲「臺南市消防局第七大隊中正分隊」。從明治四十一年（一九〇八）十一月在「火防線」內的消防倉庫完工落成，一直到現在仍持續做爲消防駐地使用，迄今已長達一百一十四年。

臺南市消防局第七大隊中正分隊仍以「原臺南合同廳舍」南側爲駐地

二〇〇七年聖誕節前夕，消防人員將中正消防分隊廳舍裝扮得美輪美奐

資料來源：王金山，〈臺南市消防局辦理「平安夜、防火災」擴大防火宣導遊行〉，內政部消防署電子報資料庫

2、東緣頂端的「原錦町警察官吏派出所」部分

原本位於「臺南合同廳舍」東緣的錦町警察官吏派出所，在戰後更名為「民生派出所」。日治時期的臺南警察署在國民政府接收後改制為臺南市警察局，其轄下有兩個分局，三個分駐所、二十個派出所。當時，原「錦町警察官吏派出所」屬臺南市警察局第二分局所轄，戰後因錦町通更名為「民生路」，因此派出所亦改制更名為「民生派出所」，管轄區域包含啟智里、永慶里、天中里、中山里及白金里等五里。隨著臺南市人口逐漸增加，臺南警察局陸續成立第三分局（安南區）、第四分局（安平區、西區）、第五分局（北區）、第六分局（南區），期間在民國四十三年（一九五四）與民國七十一年（一九八二）臺南市警察局第二分局轄區有兩度調整，不過「民生派出所」轄域一直未有更動。

民國九十一年（二〇〇二），臺南市進行里鄰編組調整，本區轄下之啟智、永慶兩里合併爲永華里，天中里、中山里及白金里合併爲三民里。同年八月臺南市警察局表示，中區由六個派出所管轄，導致各派出所僅有十至十一名人力，警力單薄，無法有效應付地方治安需要，且因「原臺南合同廳舍」被列爲市定古蹟，警局因此決定裁撤。此案經臺南市議會通過，遂在同年十月十五日予以裁併，至此，歷史悠久的民生派出所也走入歷史。原民生派出所管轄的永華里轉移給博愛派出所、三民里改屬民權派出所，至於民生派出所的辦公空間，則由當時已進駐在「原臺南合同廳舍」北側的少年隊與女警隊接手管理。[149]

一九九四年「原臺南合同廳舍」東緣民生派出所正門之情況

資料來源：傅朝卿，《臺南市日據時代歷史性建築》，頁 224

3、北側「原臺南警察會館」部分

臺南警察會館原本是在「臺南合同廳舍」北側，戰後曾歷經不同單位轄屬，之後是由空軍供應司令部進駐，並被設置爲臺南「空軍新生社」的一部分。依據現有資料考察，由於國共內戰失利，許多中央機關在民國三十七年（一九四八）底至民國三十八年（一九四九）間陸續籌畫遷臺事宜。當時大多委請臺灣省政府協助撥借公有房屋，其中空軍供應司令部（空軍供應總處）在民國三十七年（一九四八）十二月提出洽借辦公室及職員宿舍，之後由臺灣省政府徵詢臺南市政府及高雄市政府協助代爲尋找。150 之後，空軍供應司令直接來文要求臺南市政府將已遭嚴重破壞的舊州廳及三分子日產舊屋交撥部用，又因爲遷臺人數激增，因此再度請省政府向臺南及高雄提出撥用三處營房基地的需求，其中一處在臺南市中正路約五千平方公尺的「敵產營房樓房等」，據之後公文可知，這裡就是指「原臺南合同廳舍」的臺南警察會館。依據其備記所載：「前由市政府借給團管區司令布，現該部業已撤銷辦理結束中」，[151] 由此可知當時臺南警察會館在交接給臺南市政府後，就已先借予團管區（臺南後備司令部前身）使用。

不過臺南市政府對於空軍司令部的需求大都予以婉拒，認爲舊州廳爲市府永久辦公場所，不便撥借；三分子日產房產大多已經借給其他單位，僅能撥借一棟破屋；舊歷史館已撥租市黨部；而「中正路原警察會館已指撥省保警總隊使用」。但市府仍允諾積極尋覓房屋，並指撥臺南市中山堂（臺南公會堂）、中鷹旅社、三益旅社等十棟日式房產。[152] 從臺南市政府的回覆可知，當時「原臺南警察會館」已撥借給「省保警總隊」，也就是「臺灣省保安警察總隊」。民國三十九年（一九五〇）擴編臺灣省政府保安警察警力，改銜「臺灣省保安警察第一總隊」，至民國七十九年（一九九〇）一月一日調整保安警察組織架構，保一總隊改隸內政部警政署，其中駐地在高雄岡山的「保一總隊第二大隊」也升格成爲「保安警察第五總隊」。換言之，當時臺南市政府在轉撥給「省保警總隊」之後，可能就不再處理臺南警察會館後續的借調的情況，這也是當初空軍撤出臺南警察會館時，卻是改由「保五總隊」進駐的原因。

當時「原臺南警察會館」先被轉撥給「省保警總隊」，之後卻又轉交給空軍供應司令部，長期做爲臺南空軍新生社使用。所謂「空軍新生社」其實就是空軍官兵俱樂部及招待所，內有住宿部、餐廳、跳舞廳等。依據《空軍年鑑——中華民國四十一年》的記載，當年度新成立的單位中，就有臺北空軍新生社與臺南空軍新生社，這兩個單位都隸屬於空軍供應司令部所管轄。[153] 民國四十一年（一九五二）成立的臺南空軍新生社，可能在此時進駐「原臺南警察會館」，只是

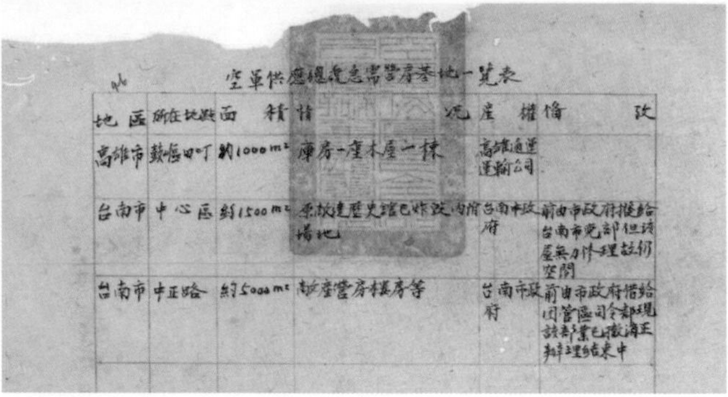

空軍供應總處急需營房基地一覽表

地區	所在地點	面積	情況	產權	備考
高雄市	鼓山四町	約1000m²	庫房一座木屋一棟	高雄通運運輸公司	
台南市	中心區	約1500m²	原歷史館已炸毀之場地	台南市政府	前由市政府撥給台南市黨部但該黨無力修理該館空閒
台南市	中正路	約5000m²	敵產營房樓房等	台南市政府	前由市政府借給團管區司令部現該部業已撤消正辦理結束中

一九四九年一月空軍供應司令所提出三處基地，在中正路的「敵產營房樓房等」就是「原臺南警察會館」

資料來源：國史館臺灣文獻館，《省級機關檔案》，典藏號：0040171004817009

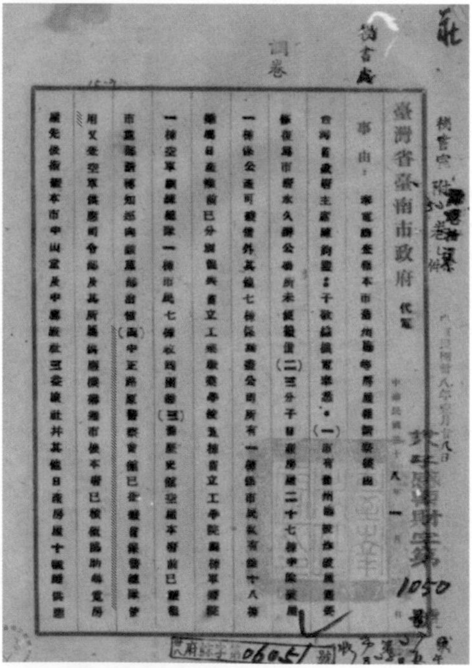

臺灣省臺南市政府 代電

事由：

一九四九年二月臺南市政府以公文回覆說明：「（四）中正路原警察會館已指撥省保警總隊使用」

資料來源：國史館臺灣文獻館，《省級機關檔案》，典藏號：0040171004817014

當時臺南中山堂（原臺南公會堂）也曾經做爲臺南空軍新生社（與軍友社共同使用），所以不確定當時臺南空軍新生社是擁有兩個駐地，亦或者先在臺南中山堂再轉移到「原臺南警察會館」。至少在民國四十四年（一九五五）六月臺南中山堂改建爲「臺南社教館」後，空軍新生社也撤出了臺南中山堂。

又，依據《空軍年鑑——中華民國四十二年》的記載，當年在訓練司令部下新增一處臺南招生辦事處，[154] 主要負責空軍學校的招生及報到工作。依據空軍防校專科班十四期藍鴻安〈我的軍校回憶〉所載：「民國五十四年十一月一日，依據錄取通知，必須到臺南市民

153 在臺南合同廳舍旁的臺南州廳，在民國 38 年（1949）就由空軍供應司令部第三辦公處進駐，筆者推測具有住宿功能的「原警察會館」，可能就近做為辦公人員的宿舍，之後再轉由臺南空軍新生社進駐。

生路一號『空軍新生社』報到。」155亦即臺南招生辦事處也設在空軍新生社之中。此外，臺南空軍新生社也提供住宿的功能。筆者曾訪談空軍退休中校、空軍技術學院教官鄭臺生先生，他回憶一九七〇年代在澎湖服役時，經常來臺南與女友見面，晚上就住在空軍新生社內。當時一晚的住宿費用只要幾十元，地點則是三樓的大通鋪，他認為空軍新生社有點類似現在的國軍英雄館。

當時臺南空軍新生社也是臺灣南部少數有跳舞廳的地方，黃輝煌〈臺灣國際標準舞五十年回憶〉文中就說：「民國四〇年代會跳舞的男女青年……結交軍政特權為友，請託帶進僅有的官方交誼俱樂部舞場，如臺北市貴陽街國軍歷史博物館對面的舊時『裝甲俱樂部』、北市八德路一段光華商場邊『空軍新生社』、北市中山北路足球場『美軍俱樂部』、基隆港邊『海軍俱樂部』、臺南『空軍新生社』……等」156，又據夏勁戈〈從一通電話想起——第八期預備軍官憶往(上)〉所載：「臺南市中心附近有空軍新生社，內有跳舞廳。我在服役時（按：1959-1961）的一個週末曾去過一次，在內跳空軍舞（LaVarsovienne）。跳這個舞時大家站成一排和土風舞一樣的跳法。空軍舞的曲調輕快活潑，至今還能哼出那個調子。」157 空軍新生社也會播放電影，莊維敏的回憶散文〈夢迴鳳凰城〉中提到：「還記得當時臺南空小借用空軍新生社放映的惜別電影——櫻花戀，悲悲淒淒的情節，映著窗外的梅雨……」158

158 文中之「空小」，原指「臺南空軍子弟小學」，就是後來的「志開國小」。

讓臺南人印象最深刻的，應該是空軍新生社的餐廳。餐廳在不同時期有不同的承包業者，有時以中餐爲主、有時是西餐，曾是外省菜餐廳、也曾經營臺菜料理。許多臺南人都有在此用餐的回憶，例如過去曾在臺南經營「四五六」及「狀元樓」餐廳的朱老闆就承包過這裡的餐廳；[159] 胡志成的《把這裡當家》書中也提到：「趙叔倜儻瀟灑，平日忠誠務公，周末必跟趙嬸雙雙在『空軍新生社』吃西餐、跳交際舞歡渡，那時我們在臺南鄉下……」[160] 臺南客家同鄉會的前身「美濃同鄉會」，最初就是成立於此。臺南市客家文化協會某會員在客委會的投書中提到：「旅南客家同鄉自一九七六年在臺南市民生路一號介空軍新生社，由三張桌介美濃鄉親起願開始到今，經過了三十六年並擴大到大會有一百二十張席介會員，其中由美濃同鄉會擴大為六堆同鄉會，再擴大為臺南市客家同鄉會。」[161]

臺南空軍新生社約在一九七〇年代後期遭到撤銷，空軍也將「原臺南警察會館」交還給「臺灣省保安警察第一總隊」。之後約略在民國七十一年（一九八二），臺南市政府進行「民生路—安平路」的拓寬工程。[162] 此段路幅由十五公尺拓寬爲十八公尺，致使「原臺南合同廳舍」的北側必須內縮三公尺，原有外牆立面被迫拆毀。之後重建外牆立面時，又將一樓處打通成四點三四公尺寬的騎樓，[163] 成爲今日所見緊臨道路而建有騎樓的面貌。此舉大幅縮減「原臺南警察會館」的一樓空間，可說是本建築自興建以來最嚴重的破壞。只是時間不能逆轉，遭到拆毀的建築也無法回復。當原臺南合同廳舍成爲現代都市開發下的犧牲品，不僅改變了這座老建築的原始樣貌，更是臺南古蹟保存運動的遺憾，這也成爲往後都市開發過程中，文化資產該如何保留的借鑑。

163 民國六十二年九月所公布的《臺灣省建築管理規則》第二十條載：「面臨七公尺以上計畫道路之建築基地應一律設置騎樓或庇廊」，本建築位於商業區內，又與商街的騎樓比鄰，當時可能為了符合這項規定而設置騎樓。

至於進駐於此的保一總隊，在民國七十九年（一九九〇）進行組織架構的調整，除了組織改隸內政部警政署，其中駐地在高雄岡山的「保一總隊第二大隊」也升格成為「保安警察第五總隊」（簡稱保五總隊），接下來有一段時間都是由「保五總隊」使用此空間。民國八十七年（一九九八）「原臺南合同廳舍」指定為市定古蹟後，保五總隊約在二〇〇一年以前撤離；接著就由臺南市警察局「少年警察隊」與「婦幼警察隊」進駐。民國九十一年（二〇〇二）十月，民生派出所撤離，空間由少年隊與婦幼隊接手管理。到了民國一〇三年（二〇一四）五月間，「原臺南合同廳舍」進行古蹟內部整修工程，少年隊與婦幼隊遷至歸仁，臺南市警察局也將建築交還給市政府，為「臺南消防史料館」的未來規劃開始準備工作。

二〇一二年時「臺南合同廳舍」北側部分情況

資料來源：吳順永，〈高聳的火警瞭望臺　臺南合同廳舍 3 合 1〉（2012 年 10 月 31 日），原載《好房網 News》，網址 news.housefun.com.tw/news/article/10318511427.html

臺南合同廳舍北側部分因民生路拓寬及設置騎樓而遭到大幅破壞縮減

一九九四年保五總隊進駐時期的「原警察會館空間」

資料來源：傅朝卿，《臺南市日據時代歷史性建築》，頁 227

4、「原臺南合同廳舍」的古蹟修護與新發展

民國八十七年（一九九八年）六月二十六日，臺南市政府以「原臺南合同廳舍」的建築造型特殊，經過六十餘年的風霜歲月，竟然可

二〇一四年四月臺南市警察局少年隊與婦幼隊進駐時期的「原警察會館空間」

資料來源：天來圖庫網站，網址 hongtila.blogspot.com/2014/04/blog-post_20.html

以在保留原本功能的前提下繼續使用至今，殊爲不易，極具見證臺南消防史的意義與價值，依法公告將本建築指定爲「市定古蹟」，正式的理由爲：「建於一九三八年，具三〇年代主要建物風貌，中央高塔瞭望臺，在本市消防史上有特別意義，為目前臺灣少數保存下來原日據時期消防設施。」被指定爲市定古蹟之後，該建物雖仍由警察及消防單位持續使用，不過臺南市政府已經開始規劃未來的發展。

民國九十二年（二〇〇三）九月，臺南市政府委託楊仁江建築師完成調查研究與修護計畫。當時提議，爲落實古蹟修復及有效再利用，建議將右側原爲派出所、女警隊、少年隊使用空間規劃建置爲「消防史料館」。不過實際修復工程在民國一〇一年（二〇一二）才又開始進行相關的討論，之後由臺南市消防局向中央文化部提報修繕計畫。整體工程在民國一〇三年（二〇一四）三月才完成規劃設計，並於十二月進行工程發包。

民國一〇四年（二〇一五）二月十四日工程開工後，就出現監造單位和施工單位意見不一，導致在民國一〇四年（二〇一五）十月二十七日停工，當時工程進度只達百分之八。[165] 而後又歷經變更設計、後續監造、消防史料館建置等委託發包，一直要到民國一〇六年（二〇一七）八月以後才重新開工（由徐裕健建築師事務所監造、常詠營造股份公司負責施工），並於民國一〇八年（二〇一九）三月完成整體修復工程。

「原臺南合同廳舍」的整體修復工程期長達六年多，建置總經費約爲新臺幣六千七百七十四萬元（中央補助經費百分之三十五）。而在漫長的古蹟修復工程期間，第七大隊中正分隊仍持續在駐地守護著臺南市民的消防安全。

民國一〇八年（二〇一九）四月十五日，「原臺南合同廳舍」修復工程與新設「臺南市消防史料館」正式宣告竣工。當天臺南市政府邀請日治時期「臺南消防之父」住吉秀松的後代家族來臺，包含住吉秀松次子，高齡九十三歲的住吉弘光，以及七十四歲的外孫天野朝夫等人參與盛會，並與臺南市長黃偉哲、消防局長李明峯等人一同出席剪綵啟用及揭幕儀式。

臺南市政府官員出席「原臺南合同廳舍」修復工程落成剪綵儀式

資料來源：臺南市政府機關新聞網站，二〇一九年四月十五日

臺南市長黃偉哲、消防局長李明峯等人共同出席「臺南消防史料館」的開幕儀式

資料來源：臺南市政府機關新聞網站，二〇一九年四月十五日

新成立的「臺南市消防史料館」，主要是以原臺南警察會館的部分空間爲展場，場內共分爲七個展示區，包含：「合同廳舍前世今生」古蹟修復歷程及日治時期消防鐘展示、「臺南消防先驅：住吉秀松」住吉家族及組織介紹、「消防歷史長河」消防發展史演變、「臺南消防記憶牆」展示消防重大事件、「消防英雄」消防救護裝備體驗、「救援 SOS」防災知識小學堂及「天搖地動」VR 地震搜救任務體驗等，不僅結合了防災教育、古蹟文化及觀光發展等多重效益，同時也能呈現臺南市的消防發展史，並紀錄及彰顯臺南市消防人員英勇救災的各項事蹟。[166]

近年來，臺南市消防局爲了推廣古蹟防災及市民防火意識，從二〇二一年開始每年都有舉辦「燈籠祈福活動」，並結合祀典武廟少見的火德星君信仰，辦理「火神護祐、平安祈福」系列活動，先依古禮迎請火德星君之後，再移駕至臺南合同廳舍（中正分隊）辦理點燈儀式。活動期間的合同廳舍建築外牆將懸掛千盞燈籠，使白天與夜晚呈現不同景致，形成奇特的畫面。另外還有別開生面的室內天井燈展，在二〇二〇年更跨海到日本群馬縣交流，與該縣水上町豐樂館供奉全日本最大的火神「烏鴉天狗」相呼應。千盞燈籠齊亮，合同廳舍炫目耀眼，不僅成功行銷防火意識，也讓百年古蹟建築再現風華。

二〇二二年臺南消防局舉辦「火神護祐、平安祈福活動」臺南合同廳舍白天景緻

資料來源：臺南市政府消防局莊家銘先生提供

二〇二二年臺南消防局舉辦「火神護祐、平安祈福活動」臺南合同廳舍夜晚燈籠齊亮景緻

資料來源：臺南市政府機關新聞網站，2019 年 4月15 日

二〇二二年臺南消防局舉辦「火神護祐、平安祈福活動」臺南合同廳舍室內天井燈展實況

資料來源：臺南市政府機關新聞網站，2019 年 4月15 日

45 〈防火章程碑記〉，黃典權編，《臺灣南部碑文集成》，頁 472–475。

46 連橫，《臺灣通史》（臺北：臺灣銀行經濟研究室，文叢 128 種，1962），頁 562。

47 黃天祥，〈消防與近代都市發展〉，收入《臺灣學通訊》（臺南：臺南市政府，2015），90 期，頁 15。

49 「臺南市區計畫委員會日誌、臺南市區計畫委員會規程、臺南市區計畫委員會議事錄、臺南市區計畫委員會文書收受發送薄、臺南市區計畫委員會審議事項ニ付取調報告」（1899 年 09 月 01 日），〈明治三十五年十五年保存追加第四卷附一冊〉（資料來源：國史館臺灣文獻館，《臺灣總督府檔案》，國史館臺灣文獻館，典藏號：00004709001）。

50 〈臺南市區改正計畫の實行〉，《臺灣日日新報》，1901 年 3 月 1 日，2 版，雜報；施添福主編，《臺灣地名辭書》，卷 21：臺南市，頁 20。

51 「臺南市區計畫委員會日誌、臺南市區計畫委員會規程、臺南市區計畫委員會議事錄、臺南市區計畫委員會文書收受發送薄、臺南市區計畫委員會審議事項ニ付取調報告」（1899 年 09 月 01 日），〈明治三十五年十五年保存追加第四卷附一冊〉（資料來源：國史館臺灣文獻館，《臺灣總督府檔案》，國史館臺灣文獻館，典藏號：00004709001）。

52 〈臺南通信／改修市街決定〉，《臺灣日日新報》，1906 年 7 月 15 日，4 版。

53 〈臺南市區改正續報〉，《臺灣日日新報》，1906 年 10 月 27 日，2 版。

54 《臺南廳告示 131 號》，明治 39 年（1906）10 月 21 日；〈臺南火防及小公園〉，《臺灣日日新報》，1906 年 10 月 30 日，3 版。

55 災害教訓の継承に関する専門調査会，《1657 明暦の江戸大火報告書》（東京：中央防災会議，2004），頁 35–39。

56 〈臺南短札／諭民遷期〉，《臺灣日日新報》，1906 年 11 月 25 日，4 版；又據《臺灣日日新報》不同時期之報導，當時所徵收土地或稱有 3679 坪，或稱有 4057 坪，也有稱約 5000 坪前後等。

57 〈赤崁春帆／填平線路〉，《臺灣日日新報》，1907 年 3 月 28 日，4 版。

58 〈臺南火防及小公園〉，《臺灣日日新報》，906年10月30日，3版。

59 〈臺南の消防組織〉，《臺灣日日新報》，1906年10月16日，5版。

60 蔡秀美，《從水龍到消防隊──日治前期臺灣消防制度之研究》（臺北：師大歷史系、五南，2001），頁99–100。

61 〈臺南雜爼／計築消防組所〉，《臺灣日日新報》，1907年9月21日，5版。

62 〈臺南市之消防組〉，《臺灣日日新報》，1907年9月27日，5版。

63 〈臺南通信／團長選定〉，《臺灣日日新報》，1908年6月12日，4版。

64 〈臺南通信／練習消防〉，《臺灣日日新報》，1908年6月12日，4版。

65 蔡秀美，《從水龍到消防隊──日治前期臺灣消防制度之研究》，頁140–141。

66 〈南帆一片／防火具室〉，《臺灣日日新報》，1908年6月25日，4版。

67 〈臺南雜爼／消防有備〉，《臺灣日日新報》，1908年11月8日，6版。

68 〈南部春信／壯丁演習〉，《臺灣日日新報》，1911年1月15日，3版。

69 〈臺南新年──消防開演〉，《〈臺南消防組出初式〉，《臺灣日日新報》，1909年1月5日，5版。

70 〈赤崁春帆／祝融口駕〉，《臺灣日日新報》，1911年1月27日，3版。

71 〈臺南の暴風雨（廿七日臺南電）〉，《臺灣日日新報》，1911年8月28日，2版。

72 〈兒玉總督壽像の竣工〉，《臺灣日日新報》，1903年12月19日，2版。

73 〈兒玉總督壽像の到著〉，《臺灣日日新報》，1904年10月11日，2版；

74 〈兒玉總督壽像の到著〉，《臺灣日日新報》，1904年10月11日，2版；〈兒玉總督壽像の移送〉，《臺灣日日新報》，1905年9月29日，2版；〈臺南兒玉總督壽像〉，《臺灣日日新報》，1905年10月10日，2版。

75 〈遺像建立〉，《臺灣日日新報》，1906年8月7日，4版。

76 〈兒玉總督石像建築工事〉，《臺灣日日新報》，1907年3月12日，2版。

77 〈兒玉前總督壽像除幕式〉，《臺灣日日新報》，1907年11月5日，2版。

78 《臺南市町名說明書》，臺灣史檔案資源系統，中央研究院臺灣史研究所，識別號：4TGD_01_0004，查詢日期：2019年10月20日。

79 〈臺南火防及小公園〉，《臺灣日日新報》，1906年10月30日，3版。

80 〈臺南派出所新築計畫〉，《臺灣日日新報》，1907年10月4日，2版。

81 〈舉落成式〉，《臺灣日日新報》，1909年5月9日，5版。

82 〈南部撮要／檢車場之更改〉，《臺灣日日新報》，1908年10月11日，4版。

83 〈舉落成式〉，《臺灣日日新報》，1909年5月9日，5版。

84 「臺南廳告示第百四號廳直轄及支廳警察官吏派出所名稱位置並受持區域ヲ定ムル」（1911年10月7日）（資料來源：國史館臺灣文獻館，《臺灣總督府檔案》，典藏號：00001792111）

85 〈派出所社公眾電話〉，《臺灣日日新報》，1922年9月9日，6版。

86 蔡明志、傅朝卿，〈臺灣日治前期警察官吏派出所建築研究〉，收入《建築學報》（臺北：臺灣建築學會，2008），63期，頁8–9。

87 施添福主編，《臺灣地名辭書》，卷21：臺南市，頁127、182。

88 〈地方近事　臺南〉，《臺灣日日新報》，1917年5月30日，3版。

89 〈掘金詳報〉，《臺灣日日新報》，1908年7月1日，5版；〈めでたさ資金と白銅〉，《臺灣日日新報》，1910年1月1日，7版；陳秀琍，〈係金ㄟ！府城臺南的黃金傳說〉，載於《薰風——臺日の絆》網站，2019年5月15日（查詢日期：2019年10月12日）。

90 〈臺南工人掘獲金條〉，《申報》，1908年7月17日，20版。

91 〈臺南市區改正〉，《臺灣日日新報》，1911年7月23日，2版。

92 「臺南廳告示第七十號臺南市街ノ市區計劃及其地域ヲ定ムル件」（1911年07月25日）（資料來源：國史館臺灣文獻館，《臺灣總督府檔案》，典藏號：00001792077）；蔣珮宜，《臺灣都市圓環變遷研究》（臺南：國立成功大學建築學系碩士論文，2001），頁26–27。

93 胡宗雄、徐明福，〈日治時期臺南市街屋亭仔腳空間形式之研究〉，收入《建築學報》（臺北：中華民國建築師公會全聯會，2003），44期，頁102。
94 張哲翰，〈臺灣疑案事件簿：臺南廳前猝死事件〉，見《故事》StoryStudio網站，發表日期：2017年6月11日，瀏覽日期：2019年8月17日。
95 〈臺南──官設消防〉，《臺灣日日新報》，1919年1月24日，4版。
96 〈臺南消防組規程〉、〈臺南消防組規程施行手續〉，收入《臺南廳報》，1919年5月1日，頁122–133。
97 〈臺南消防組勢揃式〉，《臺灣日日新報》，1919年10月2日，7版。
98 蔡秀美，《從水龍到消防隊──日治前期臺灣消防制度之研究》，頁70。
99 〈臺南消防功勞者住吉秀松氏　記念日を明し　表彰さるる筈〉，《臺灣日日新報》，1924年6月16日，夕刊2版。
100 蔡秀美，《日治時期臺灣消防制度之研究（1895–1945）》（臺北：臺灣師範大學歷史學系博士論文，2012），頁66–72。
101 蔡秀美，《從水龍到消防隊──日治前期臺灣消防制度之研究》，頁170–171。
102 蔡秀美，《從水龍到消防隊──日治前期臺灣消防制度之研究》，頁173。
103 〈臺南短信／失火疊見〉，《臺灣日日新報》，1906年7月27日，6版。
104 〈南帆片影／設置警鐘〉，《臺灣日日新報》，1908年8月8日，4版。
105 〈臺南颶風詳報〉，《臺灣日日新報》，1911年9月3日，2版。
106 〈赤崁特訊／警鐘臺新設〉，《臺灣日日新報》，1923年10月7日，6版。
107 〈臺南設置警鐘臺〉，《臺灣日日新報》，1923年10月16日，6版。
108 〈州廳横に　高さ七十尺の記念塔　臺南市の御大典記念事業〉，《臺灣日日新報》，1928年11月2日，5版。
109 有關「記念塔」之稱謂，因日文史料在稱呼此一建築時主要稱之為「御大典記念塔」，而非「紀」念塔，因此若有提及此一建築時，本書仍沿用「御大典記念塔」之稱。

110 〈派出所落成式と　故澤井翁銅像除幕式〉，《臺灣日日新報》，1917年9月28日，2版。

111 〈御即位の大禮　と大嘗祭とは　京都にて行はせらる〉，《臺灣日日新報》，1926年12月26日，夕刊2版。

112 〈臺南御大典記念事業　建設一大運動場　按今秋擧開場式〉，《臺灣日日新報》，1928年3月22日，4版。

113 〈州廳横に　高さ七十尺の記念塔　臺南市の御大典記念事業〉，《臺灣日日新報》，1928年11月2日，5版。

114 〈臺南市の大典記念塔　設計が變る〉，《臺灣日日新報》，1929年5月9日，5版。

115 〈臺南常設消防〉，《臺灣日日新報》，1924年5月5日，4版。

116 〈臺南消防組　自動車唧筒　購入に決定〉，《臺灣日日新報》，1924年6月23日，2版；〈自動車ポンプ　試驗成績良好〉，《臺灣日日新報》，1924年10月19日，7版。

117 傅朝卿，《臺南市日據時代歷史性建築》（臺南：臺南市政府，1995），頁220。

118 〈臺南記念塔　十日に地鎮式〉，《臺灣日日新報》，1928年11月9日，5版。

119 〈臺南の記念塔　來月著手〉，《臺灣日日新報》，1928年12月25日，5版；〈臺南の記念塔　來月著手〉，《臺灣日日新報》，1929年1月23日，5版；〈臺南市の大典記念塔　工費一萬五百圓〉，《臺灣日日新報》，1929年3月9日，5版；〈臺南市の大典記念塔　設計が變る〉，《臺灣日日新報》1929年5月9日，5版。

120 〈新装成つた　臺南の記念塔　今月廿四日に落成式〉，《臺灣日日新報》，1930年4月4日，夕刊2版；〈臺南記念塔　落成式　天長節に擧行〉，《臺灣日日新報》，1930年4月18日，5版。見〈臺南祝天長節　御大典紀念塔　同時落成〉，《臺灣日日新報》，1930年4月22日，4版。

121 〈赤崁／銅像安置〉，《臺灣日日新報》，1929年10月18日，4版；〈故住吉氏胸像除幕式〉，《臺灣日日新報》，1930年5月9日，5版。

122 小山權太郎編纂，《臺南市大觀》（臺北：南國寫真大觀社，1930），頁34。

123 古谷野高一，〈臺南通信　臺南警察會館落成〉，載《臺灣警察時報》（臺北：臺灣警察協會，1938），272期，頁172–173。

124 〈中小商工業の發展策を語る實業關係者の座談會〉，載《臺灣公論》（臺北市：臺灣公論社，1936），1卷5期，頁25。

125 〈消防自動車　學放水式〉，《臺灣日日新報》，1933年8月3日，4版。

126 陳銘城編輯，《改制前臺南市消防紀事》（臺南：臺南市消防局，2000），頁16–19；蔡秀美，〈從常備消防手到特設消防署——日治時期臺灣常備消防之引進與發展〉，收入《臺灣師大歷史學報》（臺北：臺灣師範大學歷史學系，2009），頁69–108。

127 小出嘉男，〈臺南通信　臺南警察會館建設計畫〉，載《臺灣警察時報》（臺北：臺灣警察協會，1937），255期，頁160–161。

128 古谷野高二，〈臺南通信　臺南合同廳舍地鎮祭施行〉，載《臺灣警察時報》（臺北：臺灣警察協會，1937），260期，頁146。

129 （〈神社外苑　二期工事〉1936年2月8日，8版；（〈臺南神社外苑武德殿で　奉納武道試合　新武德殿竣功を機會に〉，《臺灣日日新報》，1936年9月10日，5版。

130 古谷野高二，〈臺南通信　臺南合同廳舍上棟式〉，載《臺灣警察時報》（臺北：臺灣警察協會，1938），268期，頁141；《臺灣日日新報》，1938年1月20日，5版；〈臺南合同廳舍上棟式舉行さる〉，載《陣中慰問》（臺南：臺南南報印刷部，1938），4期，頁5。

131 見《臺灣建築會誌》（臺北：臺灣建築會，1938），10卷4期，附圖；古谷野高二，〈臺南通信臺南警察會館落成〉，載《臺灣警察時報》，272期，頁172–173；〈臺南警察會館　銀座街頭に輪奐の美を誇る　二十八日に落成式〉，《臺灣日日新報》，1938年5月24日，9版；〈臺南合同廳舍　きのふ落成式　官民二百餘名參列〉，《臺灣日日新報》，1938年5月29日，9版。

132 〈消防組〉，載《臺南市讀本》（臺北：臺灣教育研究會，1939），頁137–138。

133 〈將棋選手權臺灣地方豫選會〉，《臺灣日日新報》，1938年9月17日，7版。

134 〈洋藥業者打合會〉，《臺灣日日新報》，1938年10月19日，5版；〈藥價統制打合會〉1938年10月22日，5版。

135 〈南臺灣資源統制會社　六日臺南に創立總會開催〉，《臺灣日日新報》，1939年2月7日，2版。

136 〈刑事講習會〉，《臺灣日日新報》，1939年10月8日，5版。

137 〈全島水利大會の　陳情委員會開催〉，《臺灣日日新報》，1939年11月17日，2版。

138 〈警察官に特別教養　九日より臺南警察會館にて〉，《臺灣日日新報》，1941年6月11日，4版；〈聖域建設に奉仕作業〉，1941年6月30日，4版。

139 郭怡棻，〈戰時民間的防護組織——警防團〉，收入《臺灣學通訊》，90期，頁18–19。

140 陳銘城編輯，《改制前臺南市消防紀事》，頁20。

142 吳建昇、蔡郁蘋、杜正宇、蔡博任，《大臺南的前世今生》（臺南：臺南市政府文化局，2013），頁223–224。

143 范勝雄纂修，《臺南市志．卷三．政事志．警政篇》（臺南：臺南市政府，1979），頁537。

145 《聯合報》，1951年10月12日，5版。

146 陳銘城編輯，《改制前臺南市消防紀事》，頁21–32。

147 陳銘城編輯，《改制前臺南市消防紀事》，頁33–40。

148 陳銘城編輯，《改制前臺南市消防紀事》，頁46。

149 鄭惠仁，〈民生派出所　光榮交棒〉，《聯合報》，2002年10月15日，地方版。

150 「空軍供應總處洽供辦公室所及宿舍案」（1948年12月31日），資料來源：國史館臺灣文獻館，《省級機關檔案》，典藏號：0040171004817001。

151 「空軍供應司令部請撥借房屋電希將房屋實情查復案」（1949年1月23日），資料來源：國史館臺灣文獻館，《省級機關檔案》，典藏號：0040171004817009。

152 「撥用臺南市就州廳等防屋電復案」（1948年2月5日），資料來源：國史館臺灣文獻館，《省級機關檔案》，典藏號：0040171004817014。

153 空軍總司令部編印，《空軍年鑑——中華民國四十一年》（臺北：空軍總司令部，1953），頁 166。

154 空軍總司令部編印，《空軍年鑑——中華民國四十二年》（臺北：空軍總司令部，1954），頁 152。

155 藍鴻安，〈我的軍校回憶〉（20093 月 7 日）載於「空軍防空學校生活回憶文章」網站（http://www.adas.url.tw/ADAS-Windex.htm），查詢日期：2019 年 10 月 3 日。

156 黃輝煌〈臺灣國際標準舞五十年回憶（2）〉，原載《舞世界月刊》，15 期，2001 年 5 月轉載自「舞網情深」網站（網址：http://www.dancers.com.tw/rep/hwang/hwang.html），查詢日期：2019 年 10 月 3 日。

157 夏勁戈，〈從一通電話想起——第八期預備軍官憶往（上）〉，載於《亞特蘭大新聞》，2015 年 9 月 18 日，B4。（文件來源：http://www.atlantachinesenews.com/News/2015/09/09-18/b-04.pdf），查詢日期：2019 年 10 月 3 日。

158 莊維敏，《依舊深情》（臺北：秀威資訊，2011），頁 167。

159 杜漸，〈憶記——府城早年外省餐館〉，《中華日報》，2016 年 1 月 15 日，副刊。

160 胡志成，《把這裡當家》（臺北：昭明出版社，2005），頁 192。

161 臺南市客家文化協會會員，〈會員的鬱 VUD` 悴 ZUD` 心聲〉，載於《臺灣客家電子報》，2012 年 10 月 20 日，網址：https://archives.hakka.gov.tw/blog_detail.php?id=75864，查詢日期：2019 年 10 月 3 日。

162 露天拍賣店家「李仔糖」所上架的文獻史料商品，商品編號：21308192941695。

163 范勝雄纂修，《臺南市志．卷三．政事志．建設篇》（臺南：臺南市政府，1979），頁 84；謝國興總纂，《續修臺南市志．卷三．政事志．建設篇》（臺南：臺南市政府，1997），頁 56。

165 以上內容來自訪問臺南市警察局李旼暾警官、吳明智警官、沈振莘警官等人之記錄整理。

166 〈市定古蹟原臺南合同廳舍修復工程開工〉臺南市政府消防局網站（http://119.tainan.gov.tw/），
2015 年 2 月 16 日，查詢日期：2019 年 10 月 11 日；林雪娟，〈原臺南合同廳舍整修停擺〉
167 《中華日報》，2016 年 7 月 14 日，地方版。
林婉茹，〈重現臺南合同廳舍結合科技現代化消防史料館正式啟用〉，載於臺南市政府機關新聞—消防局
秘書室，網址：https://www.tainan.gov.tw/News_Content.aspx?n=13371&s=3755396，
168 2019 年 4 月 15 日，查詢日期：2019 年 10 月 11 日。
陳治交，〈警義消扛神轎　祀典武廟火德星君駐駕消防局 7 大隊〉，中華新聞雲，2022 年 1 月 2 日，
網址：https://www.cdns.com.tw/articles/515066，查詢日期：2022 年 4 月 7 日。

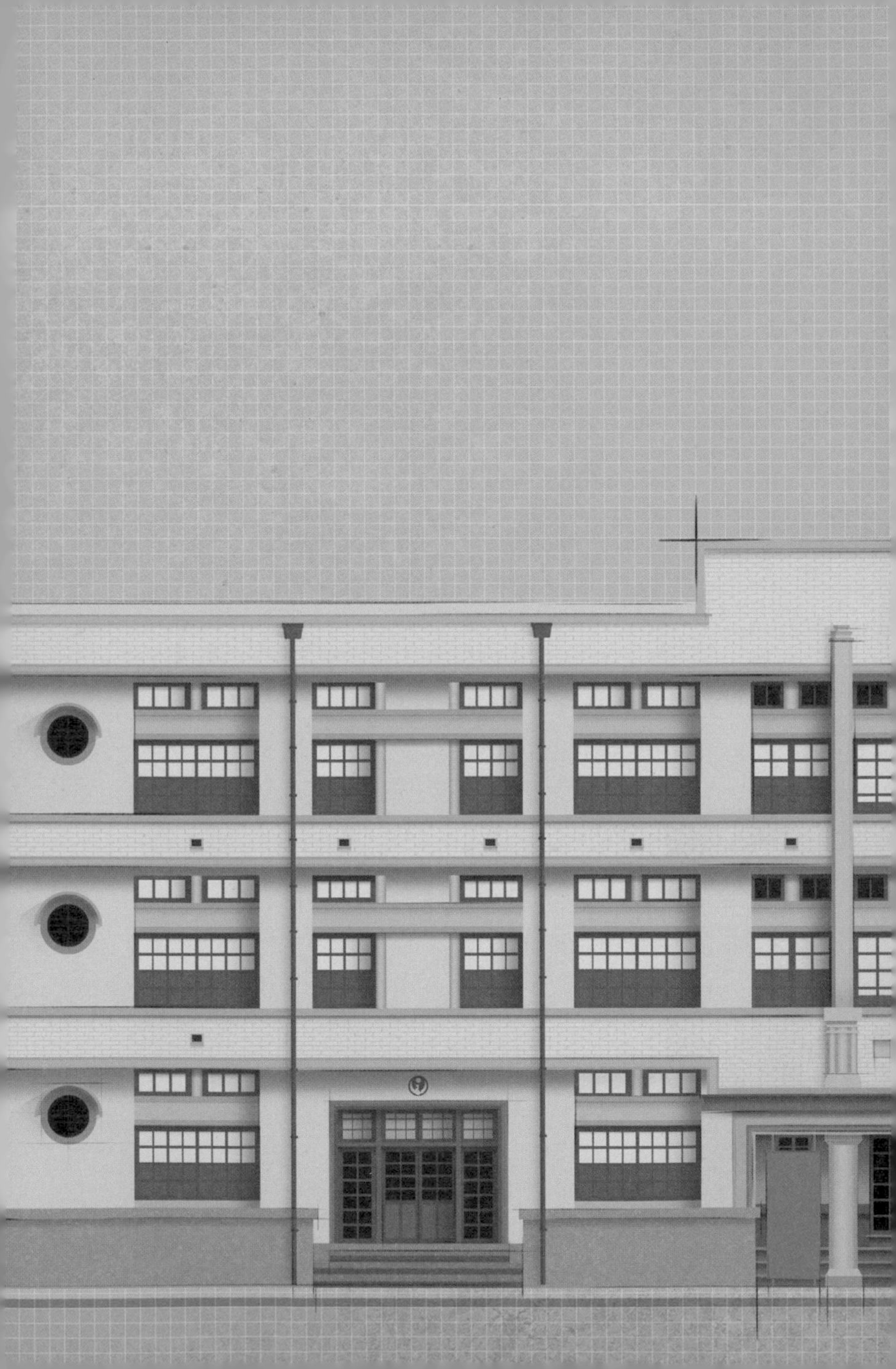

第四章

原臺南合同廳舍的建築概述

建築風格華麗的「臺南州廳」，可以說是西方歷史式樣建築的代表

資料來源：《日治時期（1895–1945）繪葉書：臺灣風景明信片臺南州卷（上）》，頁 405。

原臺南合同廳舍的興建與竣工，都剛好碰上現代主義建築盛行的一九三〇年代，落成迄今已有八十多年的歷史，是一座整體與細節都充滿現代風格的建築。相對於隔街做爲西方歷史式樣建築代表的「臺南州廳」（今臺灣文學館），性質雖然同屬公共建築，視覺上卻呈現完全不同的風貌。

本章將爲讀者介紹「原臺南合同廳舍」的建築，主要分爲三個部分：現代主義建築與臺南合同廳舍的設計、「御大典記念塔」的消防意義與建築特色與「臺南合同廳舍」的建築特色，以及目前保存與使用的情況。

（一）現代主義建築與臺南合同廳舍的設計

原臺南合同廳舍興建於昭和十二年（一九三七）五月十九日，竣工於昭和十三年（一九三八）四月二十五日，由臺南州內務部營繕課監督設計。結構上爲鋼筋混凝土及磚造混合建築，形式上則充滿著現代主義的風格。實際上，這樣的建築設計理念，十分符合當時歷史背景與時代潮流。

臺灣現代建築主義重要推手——臺灣總督府技師井手薰

臺灣新民報社編，《臺灣人士鑑》
〔臺北：臺灣新民報社，1937〕，頁 8

一九二三年日本發生關東大地震，許多磚造建築被震垮，此後日本的建築師重新思考建築的結構、建材與機能性，尤其防震設計更成爲考量的重點，使得當時的新建築多從紅磚轉變成耐震性較佳的鋼筋混凝土構造。此時正值西方現代主義流行之際，強調以科學爲基礎，重視理性、邏輯與實證的新思潮。這股對舊傳統的反動力量，特別表現在藝術與文學方面。當時的日本建築也搭上現代主義的潮流，大量採用了西方現代主義的建築語彙，表現出迴異於歷史式樣建築的特質，例如明顯的反歷史、反對稱、反紀念性、反裝飾、反厚重等特性，取而代之的是機能、簡潔、開放的特徵。這些都使得日本昭和年間的建築，在外觀及空間上都呈現出不同於大正年間新古典主義建築的新風貌。[168]

當時臺灣也受到這兩種建築觀念的影響，[169]一九三〇年代以後所興建的新建築，大多非常重視防震的設計，這是臺灣許多日本時代的建築物即使經過七、八十年寒暑與多次大小地震後，迄今仍可以屹立不搖的原因。新建物在外觀上一洗歷史式樣的繁複裝飾，代之以簡潔少裝飾甚至無裝飾的設計。

169 當時日本湧現的現代主義思潮對臺灣的影響也表現在許多社會及文化層面，包含1920年代創刊的《臺灣青年》、1921年成立的「臺灣文化協會」及「臺灣議會設置請願運動」，這些都是深受現代主義影響的文化運動。當時臺灣的現代主義建築特徵包含：簡潔少裝飾或無裝飾、平屋頂、不對稱、出挑、新建材與被強化的機能性元素

平屋頂設計也是現代建築的特色。圖中還可以看到臺南合同廳舍平屋頂的六邊形天井

當時在臺大力推廣現代主義建築的井手薰，長住臺灣達二十五年的時間，不僅擔任臺灣總督府土木局技師及營繕課課長，更在一九二九年成立臺灣建築會並擔任會長，發行《臺灣建築會誌》，這些對於臺灣現代主義建築具有直接的影響。

一九三〇年代中期，現代化建築已經成爲臺灣建築的主流，當時新建築雖與標榜和傳統決裂的現代主義建築尚有些微差距，卻也使得建築與城市風貌開始產生新的變化，而「原臺南合同廳舍」可以說就是在這樣歷史背景與時代潮流下的代表性建物。

一九三〇年代以後，不論是日本或臺灣，現代建築開始成爲新的建築舞臺的要角，此時的社會正面臨傳統轉型到現代的重要關鍵時機，現代建築在當時被視爲進步的象徵。「原臺南合同廳舍」展現出許多現代主義的風情，包含：建築立面呈現非對稱，求簡約的原則下仍保留若干裝飾，牆壁貼面採用國防色溝面磚（筋面磁磚），以橫向長窗搭配圓形窗戶，樓層間窗臺嵌邊的水平飾帶，強化的出挑雨庇，以平屋頂取代斜坡屋頂的設計，再加上高聳懸掛著時鐘的中央消防塔。這樣饒富趣味的建築風格，只要去對比隔街做爲西方歷史式樣建築代表的「臺南州廳」（今臺灣文學館），就可以清楚感受到兩種設計語彙的衝擊。依據成大建築系傅朝卿教授〈日治時期現代風情建築〉一文歸納，「原臺南合同廳舍」至少包含

原臺南合同廳舍建築，
外貌看似對稱，實際上並不對稱
資料來源：臺南市文化資產管理處網站

以下四點「臺灣的現代風格」的特徵：

（1）不對稱的空間與造型：

與具有對稱特質的歷史式樣相較，現代風情的建築具有比較自由的表達方式，許多建築從對稱的束縛中解脫出來，用不對稱的空間與造型來傳達建築的新觀念。

（2）出挑雨庇及陽臺：

由於結構技術的改進，建築物適度的出挑在一九三〇年代已經不是問題。我們可以在當時興建的不少建築中，看到出挑的雨庇及陽臺取代歷史式樣建築的門廊，形成自己的特色。原臺南合同廳舍高塔背面就具有陽臺出挑的設計。

原臺南合同廳舍建築可見國防色溝面磚、洗石子建材與出挑雨庇

（3）**面磚與現代建材：**

由於現代建築多數是以鋼筋混凝土所建，外貌上貼以面磚除了是保護措施，也是表達美學的手段。臺灣日治時期建築中面磚的種類與顏色因不同的時期而有所差異，而且由於面磚不是結構部件，在運用上就比眞正的磚塊要自由許多，所以我們可以在表現現代風情的建築中看到爲數頗多的面磚。另一方面，「洗石子」工法、人造石與磨石子等仿石材雖然也經常出現在建築中，但形式比以前更自由，這也是臺南合同廳舍外觀形貌組成的重要元素。

（4）**特殊的現代建築元素或符號：**

歷史式樣建築由於極度講究外貌，是一種形式

原臺南合同廳舍的建築概述

由於高塔上懸掛著大鐘，
過往原臺南合同廳舍也曾被稱作「臺南市標準鐘大樓」

資料來源：《臺南市志稿．卷首》，頁 97。

主義，所以有些機能性的元素會被隱藏起來。現代建築則屬於機能主義，許多機能性的元素如樓梯與旗竿座等反而會被刻意表現出來，變成外貌的一部份。有些建築還會出現代表「現代」精神的元素與裝飾，例如在臺南合同廳舍高塔所懸掛的時鐘，就具有這樣的現代建築特色，戰後原臺南合同廳舍甚至因爲這座高塔大鐘曾一度被稱爲「臺南市標準鐘大樓」。

（二）「御大典記念塔」的消防意義與建築特色

「原臺南合同廳舍」的前身，也就是昭和五年（一九三〇）落成的「御大典記念塔」，原初設置的目的是爲了慶祝日本昭和天皇的即位大典。當然這座六層樓的鋼筋混凝土建築，除了具有紀念性的意義外，最主要的功能是在消防滅火的目的，因此一開始也被稱爲「火見樓」或「望火樓」，也就是警戒火事的高臺，現代一般稱爲「消防高塔」。

「火見樓」就是日本江戶時代出現的「火の見櫓」（ひのみやぐら），初設於「明暦大火」的次年，是當時災後的新制度也是新措施。古江戶大約每十町設一櫓，其他則在「自身番小屋」的屋頂上設梯子及消防警鐘（半鐘）取代。由於塔樓頂上設有瞭

山桜神社火の見櫓

資料來源：岐阜縣政府網站。網址 www.pref.gifu.lg.jp

望臺（見張臺）與消防警鐘，因此也有「警鐘臺」之稱。塔臺上常駐的消防手輪值，以隨時瞭望監視火災的發生。若發生火災，即敲擊鐘聲警告居民，並確認起火地點以便迅速抵達現場。一般來說，如果火源較遠會用長聲間歇敲擊，火源較近則鐘聲短促，藉此使消防組員聞訊趕來與常備消防手相互支援，以確保地方的防火安全。

　　這種從江戶時代開始出現的防災設施，到昭和初期幾乎遍及日本全境。臺灣深受日本影響，日治時期島上各地都可以看到消防高塔。府城臺南在大正年間就有七座消防警鐘臺，塔臺高達約十一點七公尺（三十五尺），甚至有些還是鋼筋混凝土建築。目前在日本仍有少數這類「消防高

屏東消防組詰所及其消防塔

資料來源：小山權太郎，《屏東旗山潮州恒春東港五郡大觀》〔臺北：南國寫真大觀社，1933〕，頁8。

塔」遺存，特別是在鄉間村落及北海道、沖繩等地方，具有歷史價值的消防塔則被登録爲地方文化遺產（有形文化財），例如舊岩淵火の見櫓（位於靜岡縣富士市）、山櫻神社火の見櫓（位於高山市本町）、淺野川大橋詰火の見櫓（位於石川縣金澤市）、竹田火の見やぐら（位於京都市伏見區）等。

根據當時《臺灣日日新報》的報導，「御大典記念塔」是由臺南州內務部土木課技師所設置（當時主任技師爲公莊勝二郎，他同時也是臺南市役所庶務課、水道課的土木技師），再交由著名的臺灣總督府技師井手薰審閱修正。「御大典記念塔」大抵是座「四間四方」的方形六層高塔，立在比平常建築更寬而深的一層平階屋頂上，也就是當時的臺南消防組詰所。

依據現有資料可知，「御大典記念塔」的基地地坪約為十六坪，高約二十五點三公尺。據報導，一開始計畫要將地面上的警鐘臺移到高塔上並設置升旗臺，不過顯然之後沒有這樣施工。即使沒有升旗臺，落成時塔樓仍可能是臺南市區最高的建築。由於高塔的設置是在關東大地震之後，因此塔樓的結構體是用堅實的鋼筋混擬土建成，具有防震設計，這也是高塔歷經大小地震及改造工程後，迄今仍然屹立在此的原因。

「御大典記念塔」的建造年代，已進入建築發展史的現代主義時期。建築形式不再追求裝飾或式樣整合，轉而走向簡潔風格。當時高塔底層是三開

《臺南市大觀》書中的御大典記念塔與臺南消防組結所圖片

資料來源：小山權太郎編纂，《臺南市大觀》，1930

間的建築，除了中間方形六樓高塔爲最主要的元素外，左右兩側都只有一層樓高，讓三開間的牆面平齊有一致感，牆面底部統一採用顏色較深的天然石臺，使建築物看來格外穩重。

一樓的三開間貼近騎樓線，各有獨立出入的門。中門是框著寬邊的半圓拱形門洞，可通向塔樓內部的爬升樓梯，以便消防手攀登至塔頂的工作平臺。由於瞭望與觀察是消防手的常規工作，又必須輪值，因此門洞後面有一間方型的辦公空間或休息室（即今主樓梯間）。爲了避免雨水滲入中門，在中央門洞的上方突出一片用一對牛腿出挑支承的水平雨庇。高塔左側是長方形門洞，比中門略寬，可通往放置消防器具的場所，相當於原錦町警察官吏派出所的位置。左門上方有水平延伸而突出的雨庇，位置稍低於中門雨庇，雨庇右側廣間屋頂上。左側一樓的上方有墊高的露臺，露臺上設置臺南消防之父「住吉秀松」的半身銅像及臺座。推測左側門洞後也應該會有一間管理室或休息室。

高塔右側是接近方形的大門洞，是自動消防車（自動車瓦斯倫唧筒）停車場及手挽瓦斯倫唧筒的放置處。當時的瓦斯倫唧筒及自動車都不高，門洞不需要建得特別高，但爲了便於緊急出入，因此保留較大面寬，以免在緊急時發生碰撞而導致救災遲滯。右門上方也有水平延伸的突出雨庇，雨庇高度約與左側消防器具置場等高，使一樓空間更具整體感。

至於位居視覺主焦點的中央六層樓高記念塔，

以方形平面向上微微收縮，至頂層四邊伸出工作平臺。出挑的工作平臺每邊都由一對牛腿承托，使平臺出挑可以超過一米，卻不讓人感到可能會掉落的疑慮，工作平臺下方的角落有動章裝飾，是這座建築少見具歷史式樣的華麗裝飾。172 稍退入平臺邊緣的四周，以鐵質欄杆圍繞，防止在上方執行瞭望工作的消防手摔落。平臺中央的室內空間由底層漸往頂層收縮，是消防手的工作空間。屋頂有略爲突出的挑檐，每邊都有一對牛腿承托，屋頂的角落掛有火勢發生時用以敲擊的消防警鐘。

172 高塔平臺下方在修復工程開始之前就已經有許多家燕築巢，為避免工程進行期間驚嚇燕子，團隊曾聯繫臺南市野鳥協會協助處理移除。修復完成後，燕子又開始回歸築巢。

塔樓工作平臺下方四邊角落的勳章裝飾，是這座建築少見具歷史式樣的華麗裝飾

在塔身四邊壁面中央的三分之一寬做成略爲退凹的直立牆面，正面開兩樘直立長窗，最頂上開一樘長圓拱窗。原初側面疑似爲盲窗，其位置、形式與正面所開三樘長窗幾近相同。塔樓的混凝土牆面，從一樓至頂樓均爲橫向寬溝紋形式，使外觀呈現類似石條水平疊砌的厚實感。在一樓頂與高塔的交接處採用微凸的放腳弧線，與正面最下方的長窗底層交接，長窗下方則與門洞上方的突出雨庇貼合，交織成複雜的幾何美感。由於這是昭和年間所建造的公共建築，推測其牆面貼有黃綠、青綠色或青灰系磁磚，也就是採用所謂「國防色」的溝面磚（筋面磁磚），這是爲當時公共建築最流行的牆面形式。

（三）「臺南合同廳舍」的建築特色及目前情況

以女兒牆及各樓層間窗臺嵌邊的水平飾帶，延伸做出橫向的水平線腳

1、建築外觀展現出現代風格

臺南合同廳舍的建築外觀仍以原有的「御大典記念塔」最爲突出，雖然高塔已被簡化處理及重新包覆，不過上下半部仍保留著一面較短的直窗。至於兩側新建的三層樓高建築，卻利用女兒牆及各樓層窗邊嵌邊的裝飾突緣，延伸出水平飾帶（日人稱此類水平條形爲「腰蛇腹」），展示出現代主義的流暢水平感，並與垂直的高塔產生對比的張力。二、三層樓窗臺間的窗洞，利用水平窗臺將下層大窗與上層高窗分隔開來。下層的大窗採上下四櫺格左右連續的木格窗戶，上層高窗則以較粗的半圓柱體分隔成三個小窗洞，使得立面形成大小窗洞相互交錯的圖紋，豐富了立面凹

整修後的臺南合同廳舍

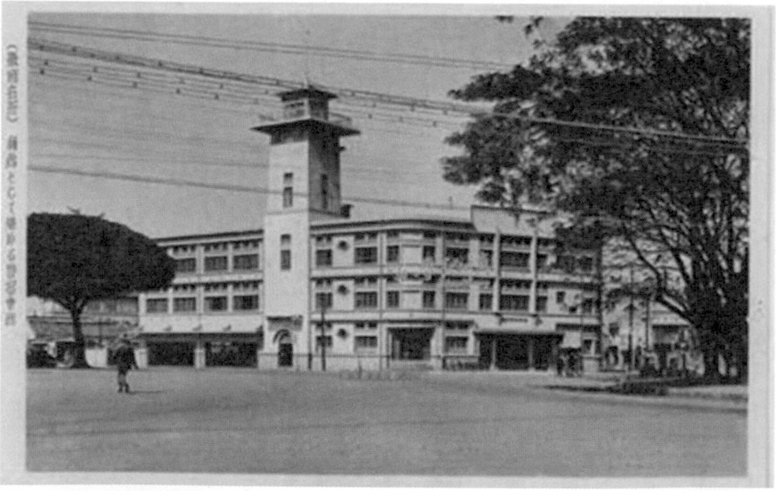

日治時期的臺南合同廳舍(明信片標示爲臺南警察會館)

資料來源：國立臺灣大學圖書館，臺灣記憶網站

橫向長窗整齊平行排列，使建築線條更為簡潔流暢，也呼應建築的水平線腳

磚造牆面採用「國防色」溝面磚（筋面磁磚）

凸連續的效果。至於橫向長窗整齊平行排列，使建築線條更爲簡潔流暢，矩形立面也與女兒牆、水平橫向飾帶形成的水平線腳相互呼應。

除了做爲立面設計主軸的水平飾帶與橫向長窗之外，「原臺南合同廳舍」的外觀尚有許多現代主義建築的特徵，例如中央高塔的位置。如果將視覺聚焦在高塔，建築外貌乍看之下呈現對稱，實際上卻不然，這就是用不對稱的造型來傳達建築的新觀念。主要門洞及圓形窗戶上方的出挑雨庇取代歷史式建築的門廊，也是現代主義風格的特色之一。磚造牆面採用國防色溝面磚（筋面磁磚）、噴磁磚、洗石子等外壁材料，捨棄赤煉瓦色（紅色面磚）的設計，從形式主義與建築

在建物內外側的壁面可以發現許多排列整齊的通氣口，作用在於防止內側房間的潮溼

慣用顏色中解放，展現自由進步的氣氛。

立面的臺度下緣，臨接樓板的地方都預留了通氣口，氣窗打開時，室內的空氣就會上下對流。仔細觀察廳舍外側與內側的壁面，不難發現許多排列整齊的通氣口。通常這類通氣口所對應的是多間架高榻榻米的床鋪（包含消防組詰所的宿舍與警察會館的十二間房間），兩者搭配就可以有效地防止內側房間的潮溼。[174]

174 感謝臺南應用科技大學陳嘉基教授不吝告知此一建築特色。在室內也裝修牆壁腰板，這是為了為了防止溼氣與白蟻滋生，腰板上下所留設的直徑約 5 公分的通氣口，也是本建築的特色。

車庫出挑雨庇上的山形裝飾以及雨庇上方經修飾的洗石子懸吊構件

高塔上方懸掛的大型時鐘、北側原警察會館上方的升旗臺……等這些具有機能性的建築元素，也讓建築外貌充滿「現代感」。平屋頂取代斜坡屋頂的設計，使得外型更簡約時尚，也在頂樓創造開放寬敞的可利用空間。建築整體線條簡潔，爲了不流於沉悶，細節上也保留著幾何化及圖案化的細部裝飾。例如消防車庫上方的出挑雨庇，在面向馬路的一側就有幾何化的山形裝飾。雨庇上方類似牛腿飾的洗石子支撐物，也有許多裝飾性的線條。警察會館的立面更直接保留了一對托次坎柱式。此外，整棟建築的牆面底部大量使用顏色較深的洗石子建材，呈現出公共建築不可或缺的嚴謹和穩重感。

「臺南合同廳舍」是在保留「御大典記念塔」的前提下所進行的增建，不過高塔在合同廳舍興建時也有許多的修正，以配合新建築的外觀形式。本建築是由臺南消防組詰所、錦町警察官吏派出所及臺南州警察會館等三個部分構成，辦公機能既然各不相同，自然也有各別的入口及獨立空間，外觀上也有些許差異。

以下分別就高塔與三個單位的入口進行介紹：

(1) 中央消防高塔與消防組詰所入口立面

「臺南合同廳舍」的中央消防高塔修改自昭和五年（一九三〇）落成的「御大典記念塔」。兩者最大差異在於消防高塔被修改成

高塔背面的洗石子裝飾陽臺，其上方另有四根類似牛腿托柱的部件

上下兩個部分。上層部分大抵維持過往記念塔的原本形制，下層部分則被重新包覆，並與新建三層樓廳舍連結。不過無論是上層或者下層，二者牆面都已不見橫向寬溝紋形式的厚實感，並大量採用「國防色」溝面磚。

原來在高塔正面三樘接續的直立長窗，被簡化處理成上下半部各一面較短的直窗。塔樓上方接續工作平臺處，正面安置著代表「現代」元素的大型時鐘，兩側則各開一樘圓窗，背面則爲一樘半圓短拱窗，並出現一座洗石子構造的裝飾陽臺，在裝飾陽臺上方另有四根類似牛腿「拖座」（Bracket）的物件。

我們今天已經看不到頂樓屋頂角落的消防

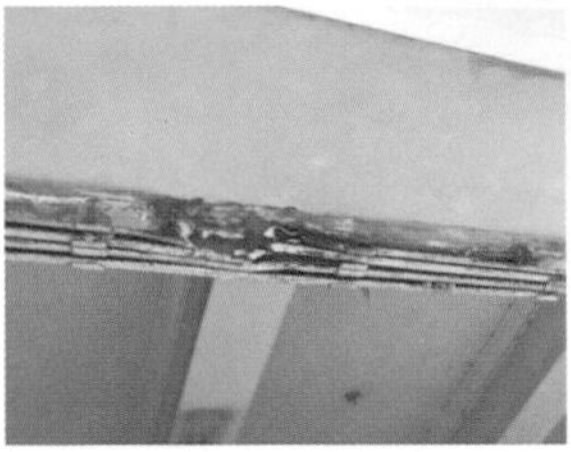

在原來門洞上緣可見許多大小磨痕

過往在消防高塔下偌大的紅色「119」字樣，曾經是本建築重要的象徵標誌

警鐘，可能被制式的消防警報器所取代。二〇〇三年，楊仁江建築師進行古蹟調查研究時，高塔牆面有許多破損及緣石斷裂的情況，頂樓鐵製欄杆腐朽，有嚴重的安全疑慮，高塔出簷的下方還有燕子長期在此築巢。這些狀況在近年整修工程完成後已經全數復原。

至於在高塔下層與新建三層樓廳舍連結部分，被重新修飾成略高於兩側廳舍的形式。屋身外牆也不同於帶有水平飾帶的兩側廳舍，整體牆面也因採用磁磚顯得較為平整單調。戰後，這裡被漆上偌大的紅色「119」字樣，成爲本建築重要的象徵標誌，現已回復成過往平整的形式。高塔下方是消防組

修復後的半圓形門洞

車庫地坪有下挖降低高度，以利較大型的消防車輛進出

詰所的入口，大抵維持著過往半圓形門洞及水平延伸雨庇的設計。

高塔右方爲兩個長形的大門洞，這是停放消防車的大車庫。原來規劃可以停靠六輛自動消防車，不過隨著消防車尺寸越來越大，目前只能存放四輛中型消防車。早期消防車高度較低，門洞自然不會規劃得太高，隨時代更迭，門洞高度逐漸不符合新式消防車的需求。之後爲了合乎消防法規，降挖車庫地坪以增加高度，讓較大型的消防車輛能夠安全進出。門洞上緣原本有多處大小不一的磨痕，可說是見證了時代的變化，目前這些磨痕經填補已經平整了。

車庫門洞上方牆面較為平整，這也更加突顯牆面上成排的通氣孔

車庫原有兩樘木質大門，之後改爲鐵閘門。爲了救災的機動性，平常都是敞開的狀態。車庫門洞上方一、二樓間的牆面較爲平整，這是因二樓窗戶下方未設置水平飾帶的關係，這也更加突顯牆面上成排的通氣孔，反而成爲十分具有特色的裝飾物。至於牆面下方水平出挑的長雨庇，位置稍低於中央門洞的雨庇。雨庇側面有山形裝飾，雨庇上方也有經修飾的洗石子支撐物。

(2) 錦町警察官吏派出所入口立面

原錦町警察官吏派出所出口的位置在中央高塔左側、此棟建築的轉角處。消防高塔左側

派出所右方立面上，可以發現帶有半圓雨庇的牛眼窗

氣派非凡的派出所入口立面

的三樘牛眼窗，區劃了消防組詰所與派出所之間的延續性，明顯的說明了在弧形轉角處存在著另一個入口。門洞採逐步多層次退入的設計，在三階踏步的襯托下，方形門洞及修飾線腳表達得更爲清晰，也使派出口更顯得爲氣派非凡。派出所上方的退窗實壁以及帶有半圓雨庇的牛眼窗，將建築轉角處創造出虛實、方圓的對比特色，加上沿街轉角的微弧牆面變化，凡此種種都讓派出所入口立面與對街臺南州廳顯示截然不同的風貌。民國九十一年（二〇〇二）十月，民生派出所被裁併之前，入口有很長一段時間呈現閒置的狀態。整修完成之後，目前已改爲臺南市消防局第七大隊中正分隊的主要出入口。

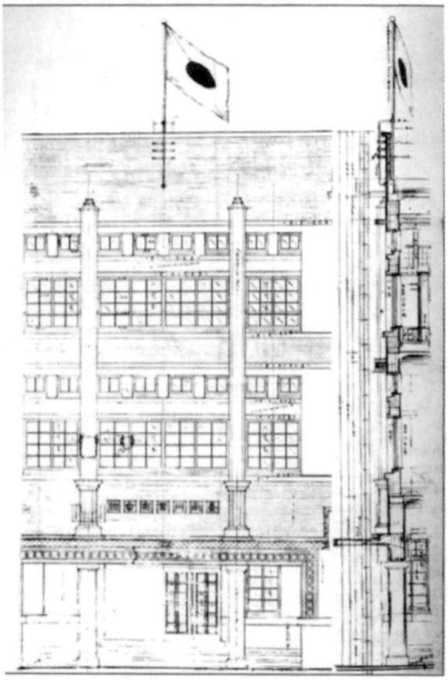

|65　昭和時期原臺南合同廳舍立面及剖面設計圖　《臺灣建築會誌》

《臺灣建築會誌》特別刊載原臺南州警察會館入口

（3）原臺南州警察會館入口立面

原臺南州警察會館的入口，位於原臺南合同廳舍東側、面向大正公園，是整棟建築外觀最爲精雕細琢的部分。《臺灣建築會誌》特別詳細刊載立面及剖面的詳細圖紙，說明了這是設計者著墨的重點。

入口採退凹設計，兩根厚重的托次坎柱式圓柱將整個門洞一分爲三，並以五階踏步引領人們帶入主要的入口及室內的廣間。雙柱支撐的出挑雨庇有豐富的斜紋襯托，也使此入口成爲檐廊式空間。門洞的三邊用線腳飾邊的圓形圖案裝飾，強調該入口的重要性。雨庇上方大書「臺南州警察會館」七字，左右帶線腳的

原臺南州警察會館的入口處，這是整棟建築外觀最為精雕細琢的部分

杜墩將兩根立柱撐起，直抵三樓微高的女兒牆下方。女兒牆正中央是懸掛日本旗幟的所在，點出了整座建築的精神中心。這些保有濃厚裝飾性的細部處理，與整體建築所呈現的簡潔流暢形成對比。這種既強調現代主義的流暢水平感，卻又不忘象徵主義的裝飾手法，可說是這棟建築極具趣味之處。

民國七十一年（一九八二），臺南市政府進行「民生路－安平路」的拓寬工程。此段路幅由十五公尺拓寬成爲十八公尺，致使警察會館北側部分遭內縮三公尺，原有外牆立面也被迫拆毀，在警察會館正面入口左側柱頭上方的橫樑及出挑雨庇也遭到拆除。之後進行外牆立面重建時，又將一樓處打通成四點三四公尺寬的臨路騎樓，造成原警察會館北側立面嚴重毀損。後來立面不僅未按造原有造形進行修復，原來立面左側轉角流暢的弧度，竟被修改成爲明顯的接合切角，這讓新置騎樓與原來的封閉立面產生極大的差異。近年進行古蹟修復工程時，在原警察會館正面入口部分進行許多復原作業，除了復原入口左側柱頭上方的橫樑及出挑雨庇，也將面向民生路的立面造形以「仿作」的方式恢復二樓以上的外觀，目標就是盡可能地將左側立面復原成原初的形式。

2、歷經多次重修改建的建築內部

「臺南合同廳舍」的內部空間布局自由，不強調上下接續的必然性，這也是現代主義建築的特色之一。建物竣工以來的八十餘年間，持續進駐不同單位，他們依據自身需求，對建物內部空間屢屢增修改建，再加上民生路拓寬工程與建置北側騎樓的關係，導致建物內部出現相當大的變化。受限於資料的殘缺，我們無法完全整握這座建築的重修改建歷程，僅能就一九三八年《臺灣建築會誌》所刊載的室內規劃、二〇〇三年楊仁江建築師的古蹟修復調查記錄及現有狀況進行比較，希望能讓讀者初步瞭解本建物內部的改易過程。

民國九十一年（二〇〇二）十月，民生派出所被裁併之前，本建築內部空間一直維持著三個單位進駐的情況，以下分別進行介紹：

(1)原臺南消防組詰所及消防高塔部分

原臺南消防組詰所位於高塔下方及其右側空間，目前是臺南市消防局第七大隊中正分隊進駐。

一樓從高塔下方的門洞進入，這裡原本是「臺南消防組詰所辦室所」，之後變成中正分隊的值班室。不過在中正分隊改移至派出所為主要出入口後，這裡又改成消防設備室。臺南消防組詰所辦室所後方是消防組詰

臺南合同廳舍的樓梯欄杆也十分具有特色

所的一樓「階段室」（樓梯間），這裡的樓梯也是日治時期的原物。樓梯本體由鋼筋混擬土構成，欄杆是鑄鐵材質。欄杆框內上下約四分之之處各有一個水波狀的裝飾。鐵框立於每步臺階上，上方安裝截面爲十二乘七公分、下緣有退凹線的黑色木扶手。

由於這座樓梯是方形平面的三折梯，每一個轉折都有相當的高度差，十六公分寬的長方形框在轉折處會有高叉變化的困難，因此轉折部分會改用分階的磨石子水泥實心欄杆（三樓則做成方尖柱），上方也鑲著分段的黑色木扶手，與杜鐵欄杆形成虛實相間的變化。另外一樓的欄杆柱使用下緣有退凹陷的圓盤扶手，下用四組長方形框做爲欄杆的收頭，不僅造型特殊，設計也別具匠心。從欄杆柱基可以發現，這四片長方形框的欄杆是事先安裝在一塊方型的鐵板將位置固定後，再用水泥灌注組成的。

這裡也是「消防滑桿」的位置。原臺南合同廳舍的常備消防手宿舍設在三樓，滑桿是爲了便於消防員能從二、三樓的生活空間及寢室迅速移動到一樓的準備室，再搭乘消防車趕赴災難現場。樓梯間做成往上迴旋的形狀，在樓梯間的中央空出大於人身空間，設置可由三樓直通一樓的消防滑桿。欄杆邊設有一點五尺高的腳墊，便利消防手攀爬上下。滑桿因連接三

原臺南合同廳舍保存著全臺歷史最悠久的消防滑竿

樓，故直徑較大，約為十公分，表面保持光滑平整，目前則塗上黃色油漆。滑桿在上下兩端點牢牢固定，中間不設支點，避免人員下滑產生阻礙。滑桿著地部分設有直徑一百二十三公分的護墊，以為消防手落地時的緩衝。由於樓梯間可以連結上層空間、消防設備室及消防車車庫，可以說是整棟建築在消防功能上最關鍵的節點。戰後此一空間也被消防隊所沿用，並規劃為「消防衣具庫房及準備室」。日治時期沿用迄今的消防滑竿一直被珍重保存，因為這有可能是全臺最古老的消防滑桿。

高塔右方是自動消防車的車庫，這裡也是整棟建築中，室內空間最大，高度最高的

臺南合同廳舍的車庫空間，以兩根多利亞柱式圓柱做為區隔

部分。車庫內部被設計成兩個大空間，並以兩根多利亞柱式圓柱做出區隔。原先規劃成可停放六輛消防車的車庫，不過隨著時代的發展，消防車體積與高度逐年增加，目前僅能停靠四輛中型消防車。車庫後方原有廊下空間及倉庫，之後分別被改建爲中正分隊浴室及雜物庫房。原本位在建物西側的戶外露臺，後來被改建爲廚房，不過在古蹟修復工程之後，增建的廚房已完全拆除。

從一樓的「階段室」沿階梯而上，是消防組詰所的二樓部分。二樓「階段室」南面房間爲消防高塔的夾層，戰後空間使用機能未變更。樓梯間西側接廊下（走廊）空間、

臺南合同廳舍的車庫空間，目前可以停放四輛中型消防車

二樓中正分隊的健身房，原為消防組詰所的廊下空間

配膳室（備餐室）及消防浴室，現爲消防隊健身房、儲藏室與影印室。廊下南側接消防事務室，目前則爲中正分隊寢室。事務室西側爲消防休憩室及廁所，也是中正分隊寢室。戰後在二樓廊下西側陸續增建消防隊休憩室、隊長寢室、副隊長寢室、廁所及北向樓梯間等。不過在古蹟修復工程啟動之後，已全數遭到拆除，復原古蹟背牆原有樣貌。此空間屬中正分隊的寢室及日常生活範圍，因屬隱私空間，故不對外開放。

從二樓「階段室」沿階梯而上是消防組詰所的三樓部分，三樓「階段室」南面房間爲消防高塔的夾層，從這裡有樓梯可繼續向

三樓中正分隊的辦公室，原為消防組詰所的寢室空間

上至消防高塔。樓梯間西側接「應接室」（會客室），目前爲中正分隊的預備室。應接室南側爲廊下與寢室（共有四個八帖榻榻米房間），並在西北處設置廁所，現在則是中正分隊的娛樂室與辦公室，西北處則維持廁所及淋浴間功能。此外，三樓應接室西側的戶外平臺及北向樓梯間是中正分隊自行增建的部分，於古蹟修復工程時拆除。這個空間屬中正分隊的辦公及娛樂空間，因涉及隱私，故不對外開放。

從三樓消防高塔的夾層沿階梯而上是消防組詰所的四樓。除了有往三樓露臺的門扇，室內也有鐵製爬梯可以再向上往塔頂的工作

三樓整修時所發現似廁所的空間

平臺。戰後三樓露臺有鐵皮增建並堆放雜物，在高塔各樓層也有木板隔間及堆放雜物的情況，現已全數恢復原貌。又，頂樓工作平臺的室內部分原是消防手執行瞭望監視的空間，不過戰後改爲放置消防廣播設施，外側有可登向高塔最頂端的鐵製爬梯，最上方設置避雷針。考量到這些救災設施或避雷針仍有存在必要，雖然歷經古蹟整修工程仍然予以保留。

（2）錦町警察官吏派出所部分

原錦町警察官吏派出所位於原臺南合同廳舍的轉角處，當時只使用一樓的空間，

在消防高塔內的鐵製爬梯

目前則是臺南市消防局第七大隊中正分隊進駐使用，並做爲中正分隊主要出入口。

依據原臺南合同廳舍的平面圖所示，從錦町派出所大門進入之後，只有一個空間頗大的事務室，並標示「錦町派出所」及「事務室」，又在西北角分隔出階段室（樓梯間），階段室後則爲廊下（走廊），另在入口處標示出服務臺的位置，其他就未有更多標示。推測也應規劃物置場（倉庫雜物間）、值班臺、休息室、便所、浴室等空間，不過因派出所有通道可以與警察會館、消防隊連接，因此可能許多機能性的空間是與其他單位共用的。

從三樓露臺處看消防高塔及工作平臺

之後的民生派出所時期，錦町派出所的空間仍大致維持原有規劃。事務所改爲派出所辦公室、階段室改爲所長辦公室、廊下改爲派出所庫房、另外將中庭空間增建爲派出所浴室，不過在古蹟修復工程之後，後來增建的浴室已遭到拆除。至於目前則做爲中正分隊的服務臺、値班室、分隊長室及雜物房等使用，又在原錦町警官吏派出所內仍保存有一根多利亞柱式圓柱，同時也修復了原事務所上方天花的修飾板。

3、原臺南州警察會館

原臺南州警察會館位於原臺南合同廳舍

中正分隊的值班臺，過往這裡是錦町警察官吏派出所的事務室服務臺

在原錦町警察官吏派出所內仍保存有一根多利亞柱式圓柱

北側。這裡是原有的三個單位中佔地最廣、面積最大空間，目前則以「臺南市消防史料館」的新身分，重新展現在世人面前。

在警察會館的一樓部分，從大門進入之後，就是會館一樓入口廣間（大廳），東側有接待空間，旁邊是弧形四折挑高空間大樓梯，樓梯旁是階段室，階段室的後面是餐廳與調理室（廚房），大廳東側小房則是會館事務室，循廊下（走道）向西則爲北側樓梯、廁所、洗面所（盥洗室）及番人居間（管理人室），並與消防組詰所連結，將後院環圍成六角形的中庭戶外空間。

《臺灣建築會誌》所刊載臺南州警察會館挑高樓梯間的照片

資料來源：《臺灣建築會誌》，10卷4期，附圖

過往空軍新生社進駐期間，入口廣間曾經是新生社外包的餐廳，成爲許多臺南市民重要的共同記憶。不過因民生路拓寬的關係，加上重建時將一樓處打通成騎樓，使內部空間遭到大幅縮減，包含挑空樓梯、走廊、階段室及部分廣間等都遭到拆除，之後此處被整理成一個長形的空間。經過保五總隊、臺南市警察局少年隊與婦女對的進駐之後，原有的內部空間也與過往大不相同，曾有一度民生派出所將大門改設在警察會館入口，並在此設置值班室。又因爲室內空間不足，在北側增建了少年隊教室、消防隊浴室、消防隊廁所、消防隊庫房等，不過在古蹟修復

原臺南合同廳舍的建築概述

臺南消防史料館入口處放置著一輛戰後初期的消防車，這裡過去也是廣間的一部份

史料館入口接待處，過往為挑空大樓梯，目前尚保留一根多利亞柱式圓柱

工程之後，後來增建部分已全數拆除復原，不過因爲拓寬道路及增設騎樓而遭到拆除的部分則以無法回復原貌，殊爲可惜。

原臺南州警察會館的一樓空間，目前已被規劃爲「臺南市消防史料館」的入口接待處（原挑空樓梯處）及「『合同廳舍前世今生』古蹟修復歷程及日治時期消防鐘展示」（原警察會館事務室）、「『臺南消防先驅：住吉秀松』住吉家族及組織介紹」（原警察會館事務室）、「『消防歷史長河』消防發展史演變」（原階段室空間）等三個展區，主要都與消防安全歷史發展相關的展場，展出包含古老消防車、日治時期消防員防火衣、人工汲水消防車、清

原警察會館事務室展示著臺南合同廳舍整修過程與住吉秀松的故事

原警察會館事務室展示著臺南合同廳舍的相關文物

原警察會館事務室展示日治時期的消防員防火衣及人工汲水消防車

原警察會館廣間及階段室成為「消防歷史長河」臺南市消防發展史演變展場

原臺南合同廳舍的建築概述

原警察會館廣間及階段室成為「消防歷史長河」臺南市消防發展史演變展場

臺南合同廳舍的中央是六角形的中庭戶外空間

代防火章程石碑（仿製品）等設備。此外尚有走廊空間、北側樓梯、機房、男女廁所等附屬設施。

從一樓北側樓梯沿階梯而上是原臺南州警察會館的二樓部分。二樓平面係以環圍六角形中庭四周的走道爲主，由三座樓梯相互連通，做爲垂直交通的聯繫動線。二樓面向街道的房間大多是舉辦活動用的大空間，包括集會所（中正路側）、圖書室（面向圓環處）、挑高大樓梯、食堂（餐廳、民生路側）等。西北側的空間則多是與生活相關的附屬設施，依序爲樓梯間、配膳室、浴室、便所、洗面所等空間。民生路拓寬之後，挑高大樓梯及食堂的部分空間遭到拆除。二〇〇三年以前，集會所被隔成三個空間（民生派出所寢室及儲藏室），食堂部分被隔成四個空間（少年隊辦公室、寢室及儲藏室）、和式大通鋪被隔成兩個辦公空間，當時是以民生派出所及臺南市警察局少年隊爲主要進駐單位。

原臺南州警察會館的二樓空間，目前「臺南市消防史料館」主要使用原來走廊的空間，做爲「『臺南消防記憶牆』展示消防重大事件」的展示區。展品包含老照片、消防大事記、報紙剪報、消防宣傳海報、消防人員制服。北側樓梯處也可以看到一些消防車模型、消防英雄卡等展品及以假人消防員

在樓梯間牆展示著各時期的老照片

修復後的原臺南州警察會館南側樓梯，仍維持著舊有的古樸風貌

示範消防滑桿設備的展示。至於在二樓空間最大的集會所、圖書室等則尚未做爲展示空間，目前仍由中正分隊所使用。

從二樓北側樓梯沿階梯而上是原臺南州警察會館的三樓。三樓平面二樓相同，以環圍六角形中庭四周的走道爲主，由三座樓梯相互連通。原有的三樓內部是以榻榻米所構成的住宿空間，包括七間疊敷座敷（榻榻米墊房間，即和式房間，其中面對民生路側有兩間、面對中庭天井有兩間、面對圓環處有兩間、在西北側有一間）、一間洋室（西式房間，民生路側）和一個四十四疊敷廣間（有四十四個塌塌米的和式大通鋪，中正路側），

在樓梯間牆上的老照片及以偶人消防員示範消防滑桿設備展示

二樓『臺南消防記憶牆』展示區的臺南消防大事記

二樓『臺南消防記憶牆』展示區以老照片、報紙剪報為主要展品

三樓角落間展示因救災而失去生命的消防英雄故事

此外有便所、浴室、洗面所、倉庫及廚房等設施。民生路拓寬之後，挑高大樓梯、靠近民生路的二間和式房間及洋式房間遭到拆除。二〇〇三年以前，和式大通鋪被隔成兩個辦公空間，面向中庭天井的二間和式被打通成一個空間，西北側有一間被整建成廁所，當時是以臺南市警察局婦女隊爲主要進駐單位。

原臺南州警察會館的三樓空間目前則被規劃爲「『消防英雄』消防救護裝備體驗」（面對中庭天井有兩間和式房間）、「『救援SOS』防災知識小學堂」（原和式大通鋪）及「『天搖地動』VR地震搜救任務體驗」（原和式大通鋪）等三個展區，主要是與防災教育與體驗活動相關的展場，展品包含各項消防救災救護工具、移動式消防幫浦車、震災現場示意圖等。參觀者可以在這裡體驗穿戴全套消防設備及 VR 體感設備互動體驗裝置。[176]

除了消防救災工具外，也展示警急救護裝備

三樓消防救護裝備體驗展區可親自穿戴全套消防設備體驗消防員的負重感

原和式大通鋪成為消防工具的展示空間

原和式大通鋪所展示的震災現場示意圖

原和式大通鋪所展示的臺南早期消防救災器材

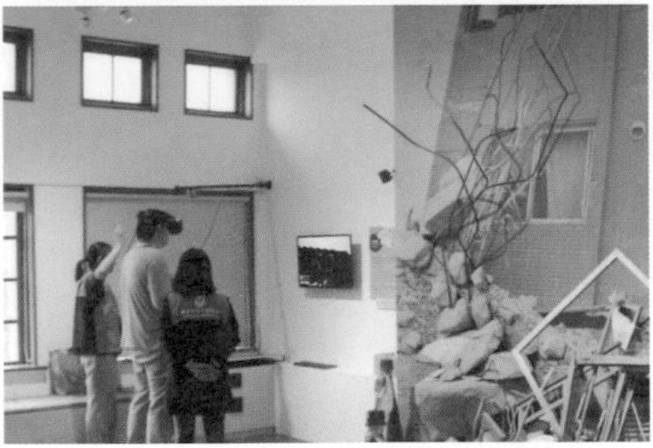

在震災現場示意圖旁的VR體感設備互動體驗裝置

169 傅朝卿，《日治時期臺灣建築 1895–1945》（臺北：大地地理，1999），頁 74–86。

170 請參閱傅朝卿，〈日治時期現代風情建築〉，載於「傅朝卿教授建築與文化資產資訊網」：http://www.fu-chaoching.idv.tw，查閱日期：2019 年 8 月 30 日)

【編按：傅老師網站在校稿時（2022.05.20）經確認已失效。】

171 參閱傅朝卿，〈日治時期現代風情建築〉，載於「傅朝卿教授建築與文化資產資訊網」：http://www.fu-chaoching.idv.tw，查閱日期：2019 年 8 月 30 日。

【編按：傅老師網站在校稿時（2022.05.20）經確認已失效。】

172 〈臺南設置警鐘臺〉，《臺灣日日新報》，1923 年 10 月 16 日，6 版。

174 楊仁江主持，《臺南市市定古蹟——臺南合同廳舍調查研究與修復計畫》(臺南：臺南市政府，2003)，頁 65–68。

176 見《臺灣建築會誌》，10 卷 4 期，附圖。

177 本節內容於參考楊仁江主持之《臺南市市定古蹟——臺南合同廳舍調查研究與修復計畫》（65–101 頁），多所參考，謹此致謝。

第五章

結語

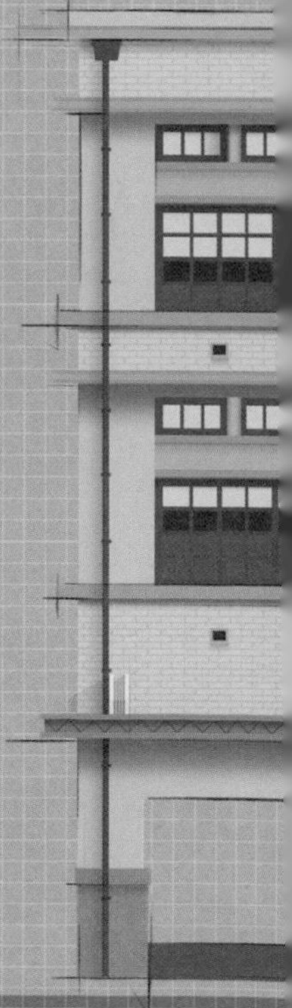

結語

市定古蹟——原臺南合同廳舍——興建落成於日治後期的一九三〇年代。歷經八十多年的歲月，曾經許多政府單位進駐辦公，迄今仍屹立於臺南市中心圓環西側。二〇一九年完成修復工程後，目前北棟空間仍持續做爲「臺南市消防局第七大隊中正分隊」的進駐地，維持原有消防用途。民生路一側的部分空間則被整理成「臺南市消防史料館」，不僅具有見證臺南消防史的意義與價值，且展現古蹟文化新風貌，並能藉此推廣消防安全教育。

綜觀臺南合同廳舍的歷史發展與文資價值，至少可歸納以下七個特色：

（一）坐落在高聳的鷲嶺南坡：

臺南合同廳舍位於府城鷲嶺南坡。鷲嶺是臺南舊城區地勢最高的沙丘，不僅具有地理標誌的意義，傳統上也被認爲是極佳的風水寶地。清代以前本區原屬住宅與商業混合區（三界壇街、牛屎埕街），雖然不如鷲嶺北坡十字街一帶繁華熱鬧，不過也逐漸成為人群聚集之地，周圍有許多著名的寺廟、會館與商家大戶，可以說是府治重要的歷史舞臺。日治以後，本區被納入臺南新都市中心的圓環公園之內，並可能因其地勢位置較高，遂在此設置具瞭望監視火災功能的「火の見櫓」（消防高塔），也就是昭和五年（一九三〇）落成的「御大典記念塔」，這是後來臺南合同廳舍的前身。

（二）維持著防災與消防功能：

日人在江戶年間的「明曆大火」之後，對於火災防治及災後避難就有許多善後新制與新措施，其中就包含在人口稠密街區內設置「火防地」（空曠地、廣場）。明治三十七年（一九〇四），臺南市在「市區改正」計畫中，就將本區納入作為府城核心地帶的「火防地」，以作為災後民眾避難安置的場域。明治四十一年（一九〇八）十一月，日人又在火防地內設置一處消防倉庫，用來放置水龍等消防設備，這也是臺南最早專門做爲消防功能的設施。之後，日人延續此規劃將此地做爲「臺南消防組詰所」、「常備消防組」（公設消防組）等，昭和五年（一九三〇）在此興建落成主要作爲消防高塔的「御大典記念塔」。昭和十三年（一九三八）在此竣工的「臺南合同廳舍」也保留著臺南消防組詰所，而戰後迄今本區仍有南側空間仍持續做爲消防單位之駐地，使本區長久以來一直維持著防災與消防的功能。

（三）臺南新都市中心的代表建築：

明治四十四年（一九一一）七月，臺南廳以「告示第七十號」公布「臺南市街市區計畫（臺南市街ノ市區計劃）」，這是考量臺南整體發展後，所提出的全面性市區計畫。不同於過往應急、局部性的市區改正，不再以「十字大街」爲府城發展的中心，日人將臺南的「市中心」南移到當時新開闢的「火防線」，也就是後來在「原臺南合同廳舍」前的「大正公園」（今湯德章紀念公園），這明顯改變了長久以來府城街區的發展，也逐漸使府城發展成為現在的臺南都市樣貌。興建於昭和三年（一九二八）的「御大典記念塔」，日人刻意置將之放在臺南新都市中心的大正公園西側，除了所在鷲嶺為臺南市制高點之外，在作為重要代表性建築的意義上，更可能與當時大正公園的政治氛圍與統治象徵有關，這顯然是日人精心安排的結果。

（四）臺灣現代主義建築的代表性建築：

原臺南合同廳舍興建竣工於現代主義建築盛行的一九三〇年代，是一座充滿現代主義風格的建築。相對於隔街做為西方歷史式樣建築代表的「臺南州廳」（今臺灣文學館），在同樣做為公共建築的意義上，卻呈現出完全不同的風貌。依據成大建築系傅朝卿教授〈日治時期現代風情建築〉一文所歸納，「原臺南合同廳舍」至少包含以下四點「臺灣的現代風格」的特徵：

（1）不對稱的空間與造型。

（2）出挑雨庇及陽臺。

（3）面磚與現代建材。

（4）特殊的現代建築元素或符號。

（五）見證臺南地區的歷史發展：

清代以前，本區原屬住宅與商業混合區，因鄰近繁華熱鬧的十字街，逐漸成爲人群聚集之地，在府城內可能僅次於十字街與五條港一帶。日治以後，日人刻意將大正公園一帶規劃爲臺南新都市中心，在綠園周圍設置行政機關、休閒設施、教育機構，並透過七條交通要道，連結鐵道、港口、商業區及重要聯外道路，改變了清代以前府城街區的發展，迄今臺南府城都市發展仍受當時規劃的影響。此外，在原錦町派出所內發現疑似防空洞的構造、目前全臺最古老的消防滑竿、在宿舍立面外的通氣孔、消防車庫門洞上的大小磨痕等，這些重要的文物或遺跡，除了具有重要的文化資產價值外，也一定反映了當時的歷史背景。

（六）進駐單位多元：

臺南合同廳舍曾有許多單位進駐，包含日治時期的「消防組詰所」、「錦町警察官吏派出所」、「臺南州警察會館」，戰後的警察消防隊、義勇消防隊、民生派出所、空軍新生社、內政部保五總隊、市警局少年隊與婦幼隊等。特別是戰後在短暫交接給臺南市政府後，曾先借予團管區（臺南後備司令部前身）使用，之後在一九五〇年代到一九八〇年代間又為「空軍供應司令部」進駐，並設置成為臺南「空軍新生社」的一部分。從中央軍事機關進駐地方行政單位廳舍的情形，也見證了當時國府遷臺時的歷史發展。

（七）都市計畫在古蹟處理上的借鏡：

約略在民國七十一年（一九八二），臺南市政府進行「民生路－安平路」的拓寬工程。此段路幅由十五公尺拓寬成爲十八公尺，致使「原臺南合同廳舍的北側」遭內縮三公尺，原有外牆立面與內部許多空間被迫拆毀、重修。之後進行外牆立面重建時，又將一樓處打通成四點三四公尺寬的騎樓，成爲今日緊臨道路而建有騎樓的面貌，大幅縮減了「原臺南警察會館」的一樓空間，這是本建築自興建以來最嚴重的破壞，更是臺南古蹟保存運動的遺憾，整個過程相關的檢討將成爲往後臺南以致於全國都市計畫在古蹟處理思維與手法上的借鑑。

結語

參考書目

參考書目

1. 史料

土屋重雄，《臺灣事情一班》，臺北：成文出版社，1985。

小山權太郎編纂，《臺南市大觀》，臺北：南國寫真大觀社，1930 年。

小山權太郎，《屏東旗山潮州恒春東港五郡大觀》，臺北：南國寫真大觀社，1933 年。

江日昇，《臺灣外記》，臺北：臺灣銀行經濟研究室，文叢 60 種，1960 年。

王必昌，《重修臺灣縣志》(1752)，臺北：臺灣銀行經濟研究室，文叢 113 種，1961 年

范咸《重修臺灣府志》(1747)（臺北：臺灣銀行經濟研究室，文叢 105 種）1961 年。

高賢治著，黃光瀛編，《縱覽臺江－大員四百年地輿圖》，臺南：內政部營建署臺江國家公園管理處，2012 年。

相良吉哉，《臺南州祠廟名鑑》，臺南：臺灣日日新報社臺南支局，1933 年。

郁永河，《裨海紀遊》(1698)（臺北：臺灣銀行經濟研究室），文叢 44 種，1959 年。

施琅，《靖海紀事》，臺北：臺灣銀行經濟研究室，文叢 13 種，1958 年。

高拱乾《臺灣府志》(1695)，臺北：臺灣銀行經濟研究室，文叢 65 種，1960 年。

陳文達，《臺灣縣志》(1720)，臺北：臺灣銀行經濟研究室，文叢 103 種，1961 年。

蔣毓英，《臺灣府志》(1685)，北京：中華書局出版社，1985 年。

蔣元樞，《重修臺灣各建築圖說》(1778)，臺北：臺灣銀行經濟研究室，文叢 283 種，1962 年。

謝金鑾，《續修臺灣縣志》(1807) 臺北：臺灣銀行經濟研究室，文叢 140 種，1961 年。

鄭兼才，《六亭文選》(嘉慶年間)，臺北：臺灣銀行經濟研究室，文叢 143 種，1962 年。

黃典權編，《臺灣南部碑文集成》，(臺北：臺灣銀行經濟研究室，文叢 218 種，1966 年。

陳國瑛等，《臺灣采訪冊》，臺北：臺灣銀行經濟研究室，文叢 55 種，1959 年。

劉家謀，《海音詩》，臺北：臺灣銀行經濟研究室，文叢 28 種，1959 年

孫爾準、陳壽祺，《重纂福建通志臺灣府》(1829)，臺北：臺灣銀行經濟研究室，
文叢 84 種，1960 年。

臺灣新民報社編，《臺灣人士鑑》臺北：臺灣新民報社，1937 年。

《臺灣日日新報》

《申報》

《臺灣警察時報》。

《臺灣公論》

《陣中慰問》

國史館臺灣文獻館，《臺灣總督府檔案》

國史館臺灣文獻館，《省級機關檔案》

參考書目

2. 專書

空軍總司令部編印，《空軍年鑑——中華民國四十一年》，臺北：空軍總司令部，1953 年。

空軍總司令部編印，《空軍年鑑——中華民國四十二年》，臺北：空軍總司令部，1954 年。

陳漢光、賴永祥編印，《北臺古輿圖集》，臺北，臺北市文獻委員會，1957 年。

臺南市文獻委員會，《臺南市志稿．卷首》，臺南：臺南市政府，1959 年。

范勝雄纂修，《臺南市志．卷三．政事志．警政篇》，臺南：臺南市政府，1979 年。

范勝雄纂修，《臺南市志．卷三．政事志．建設篇》，臺南：臺南市政府，1979 年

謝國興總纂《續修臺南市志．卷三．政事志．建設篇》，臺南：臺南市政府，1997 年。

施添福主編，《臺灣地名辭書》卷 21：臺南市，南投：國史館臺灣文獻館，1999 年。

傅朝卿，《日治時期臺灣建築 1895–1945》，臺北：大地地理，1999 年。

范勝雄，《咱兮土地咱兮人》，臺南：臺南市政府，2000 年。

陳銘城編輯，《改制前臺南市消防紀事》，臺南：臺南市消防局，2000 年。

傅朝卿，《臺南市日據時代歷史性建築》，臺南：臺南文化局文化資產課，2000 年。

韓家寶著，鄭維中譯，《荷蘭時代臺灣的經濟．土地與稅務》，臺北：播種者，2002 年。

楊仁江主持，《臺南市市定古蹟－臺南合同廳舍調查研究與修復計畫》，臺南：臺南市政府，2003 年。

災害教訓の継承に関する専門調査会，《1657 明暦の江戸大火報告書》（東京：中央防災会議，2004 年。

胡志成，《把這裡當家》，臺北：昭明出版社，2005 年。

臺南市文化資產保護協會，《35 風華造府城——紀念台南建城 280 週年特展圖錄》，臺南：臺南市文化資產保護協會 2005 年。

韓國棟，《走讀臺灣：臺南市 1》，臺北：國家文化總會、教育部，2010 年。

莊維敏，《依舊深情》，臺北：秀威資訊，2011 年。

吳建昇、蔡郁蘋、杜正宇、蔡博任，《大臺南的前世今生》，臺南：臺南市政府文化局，2013 年。

蔡秀美，《從水龍到消防隊——日治前期臺灣消防制度之研究》，臺北：師大歷史系、五南，2001 年。

蔡秀美，《日治時期臺灣消防制度之研究（1895–1945）》，臺北：臺灣師範大學歷史學系博士論文，2012 年。

曾憲嫻主持，《府城歷史街區計畫擬定》計劃書，臺南：臺南市政府文化局，2017 年。

木罐子設計製作有限公司，《市定古蹟臺南合同廳舍消防史料館建置案》第三階段報告書（臺南市消防局提供，2018）

參考書目

3. 期刊論文及學位論文

江家錦，〈臺南先史遺物的考察〉，《臺南文化》，創刊號，臺南：臺南市政府，1940年。

連雅堂撰，南史校點，〈臺南古跡志〉，《臺南文化》，3：2，臺南：臺南市政府，1953年。

黃典權編，〈臺南市立歷史館文物藏件目錄〉，《臺南文化》，4：4，臺南：臺南市政府，1955年。

石萬壽，〈臺南府城的行郊特產點心——私修臺南市志稿經濟篇〉，《臺灣文獻》，31：4，南投：國史館臺灣文獻館，1980年。

黃秋月，〈府城史蹟建築〉，《臺南文化》，新17期，臺南：臺南市政府，1984年。

施添福，〈清代臺灣市街的分化與成長——行政、軍事和規模的相關分析（下）〉，《臺灣風物》，40：1，臺北：臺灣風物雜誌社，1990年。

范勝雄，〈府城地理傳說〉，《臺南文化》，新44期，臺南：臺南市政府，1997年。

岩生成一著、許賢瑤譯，〈在臺灣的日本人〉，《荷蘭時代臺灣史論文集》，臺北：國立中央圖書館臺灣分館館刊，1998年。

胡宗雄、徐明福，〈日治時期臺南市街屋亭仔腳空間形式之研究〉，《建築學報》，44，臺北：中華民國建築師公會全聯會，2003年。

石萬壽文，黃莉雯整理，〈府城街坊記（一）臺灣漢人第一市街——禾寮港街〉，《e代府城》，22，臺南：臺南市政府，2007年。

石萬壽文，朱怡婷整理，〈府城街坊記——府城舊街市中心十字街（上）〉，《e 代府城》，23，臺南：臺南市政府，2007 年。

石萬壽文，紀幸芯整理，〈府城街坊記——鷲嶺南坡〉，《e 代府城》，26，臺南：臺南市政府，2007 年。

石萬壽文，紀幸芯整理，〈府城街坊記——鷲領西南坡〉，《e 代府城》，27，臺南：臺南市政府，2007 年。

蔣珮宜，《臺灣都市圓環變遷研究》，臺南：國立成功大學建築學系碩士論文，2007 年。

蔡明志、傅朝卿，〈臺灣日治前期警察官吏派出所建築研究〉，《建築學報》，63，臺北：臺灣建築學會，2008 年。

蔡秀美，〈從常備消防手到特設消防署——日治時期臺灣常備消防之引進與發展〉，《臺灣師大歷史學報》，臺北：臺灣師範大學歷史學系，2009 年。

郭怡棻，〈戰時民間的防護組織：警防團〉，《臺灣學通訊》，90，新北：國立臺灣圖書館，2015 年。

4. 報紙、網路資料及其他

《聯合報》

《自由時報》

《中華日報》

內政部消防署電子報資料庫

臺灣百年歷史地圖網站

維基百科網站

臺南市文化資產管理處網站

《臺灣古寫真上色》，聚珍寫真網站

國立臺灣大學圖書館，臺灣記憶網站

天來圖庫網站（http://hongtila.blogspot.com/2014/04/blog-post_20.html）

「倫敦男孩の臺南美食旅遊記事」（https://boylondon.tw/）

岐阜縣政府網站（https://www.pref.gifu.lg.jp/）

吳順永，〈高聳的火警瞭望臺　臺南合同廳舍 3 合 1〉（2012.10.31），《好房網 News》(https://news.housefun.com.tw/news/article/1031851427.html)

臺南市文化資產保護協會，《臺南市舊城區文化資產歷史考古普查計畫》（http://tncpa2017.pixnet.net/）

藍鴻安，〈我的軍校回憶〉(2009/03/07)，載於「空軍防空學校生活回憶文章」網站(http://www.adas.url.tw/ADAS-Windex.htm）。

中央研究院臺灣史研究所，臺灣史檔案資源系統（http://tais.ith.sinica.edu.tw/sinicafrsFront/index.jsp）

林文龍，〈奎樓書院及其功能之變遷〉，《臺灣文獻館電子報》，114 期，（2013-09-30）(https://www.th.gov.tw/epaper/site/page/114/1597)

陳秀琍，〈係金ㄟ！府城臺南的黃金傳說〉(2019.5.15)，載於《薰風——臺日の絆》網站。

夏勁戈，〈從一通電話想起——第八期預備軍官憶往(上)〉，載於《亞特蘭大新聞》，2015 年 9 月 18 日，B4。（http://www.atlantachinesenews.com/News/2015/09/09-18/b-04.pdf）。

張哲翰，〈臺灣疑案事件簿：臺南廳前猝死事件〉，《故事》StoryStudio 網站。

臺南市客家文化協會會員，〈會員的鬱 VUD` 悴 ZUD` 心聲〉，載《臺灣客家電子報》(2012/10/20)（https://archives.hakka.gov.tw/blog_detail.php?id=75864）

〈市定古蹟原臺南合同廳舍修復工程開工〉，載「臺南市政府消防局」網站（http://119.tainan.gov.tw/），2015 年 2 月 16 日。

〈重現臺南合同廳舍結合科技現代化消防史料館正式啟用〉臺南市政府機關新聞（https://www.tainan.gov.tw/News_Content.aspx?n=13371&s=3755396），2019 年 4 月 15 日。

4. 報紙、網路資料及其他

傅朝卿，〈日治時期現代風情建築〉，載於「傅朝卿教授建築與文化資產資訊網」（http://www.fu-chaoching.idv.tw）。【連結失效】

黃輝煌，〈臺灣國際標準舞五十年回憶（2）〉，原載於《舞世界月刊》，第15期，（2001.5），轉載自「舞網情深網站」（http://www.dancers.com.tw/rep/hwang/hwang.html）

徐裕健建築師事務所，〈市定古蹟原臺南合同廳舍修復工程後續監造〉之平面圖（臺南市消防局提供，未注明時間）

附錄

附錄（二）

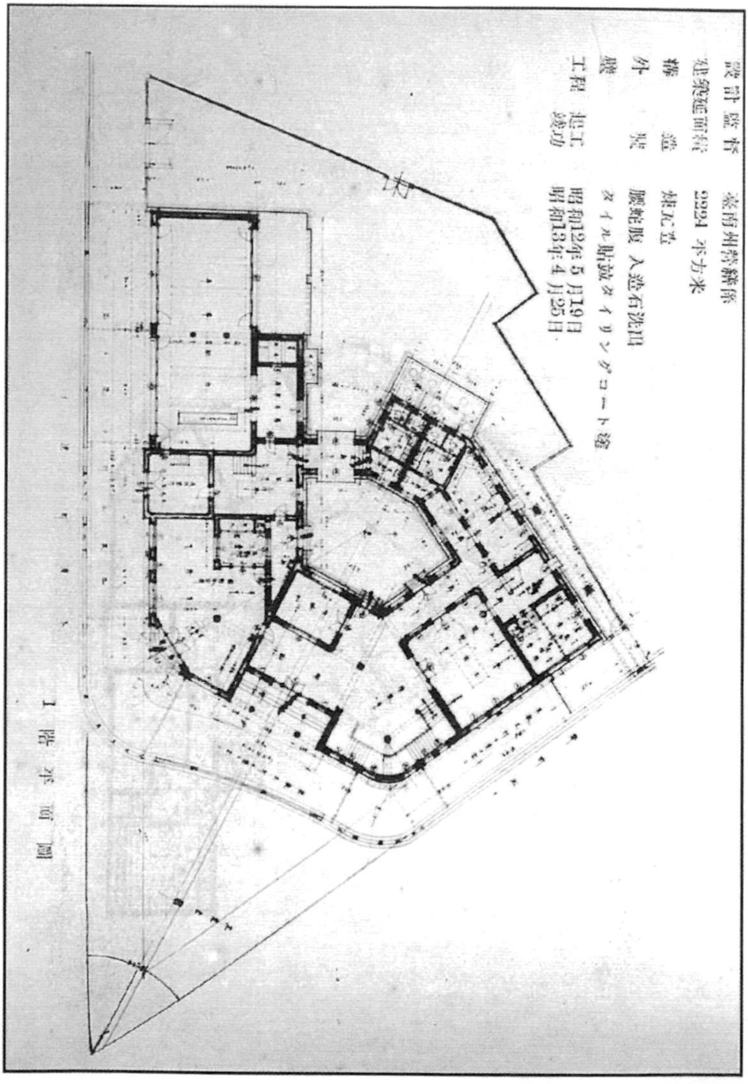

一九三八年《臺灣建築會誌》所刊載「原臺南合同廳舍」平面圖

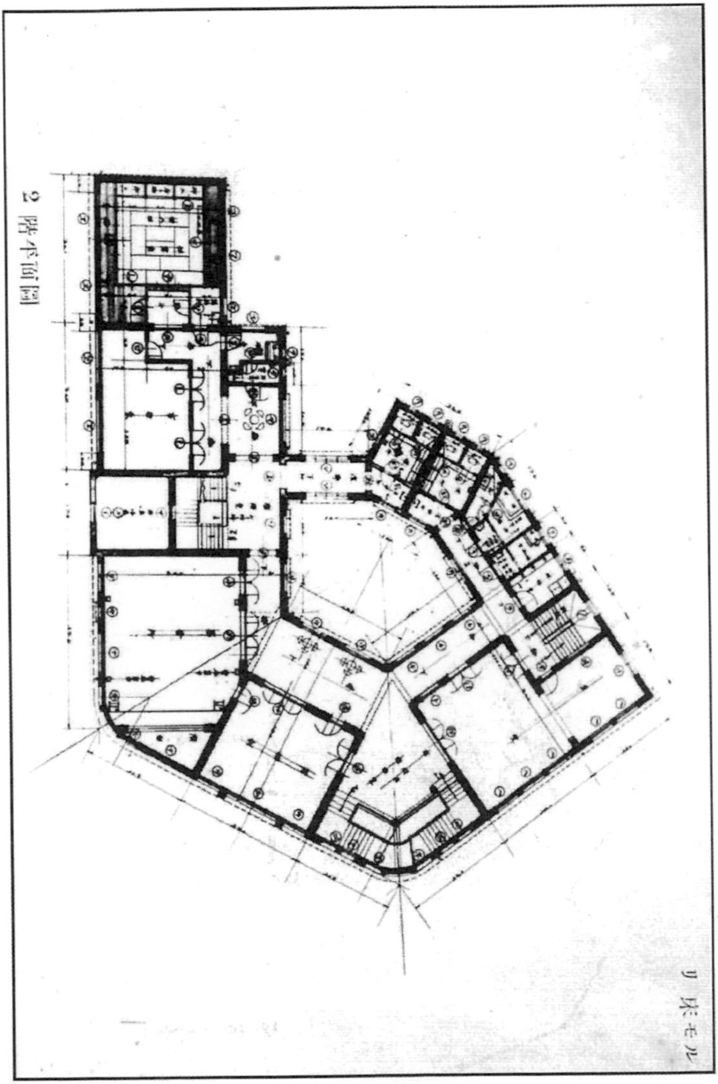
2 階平面図

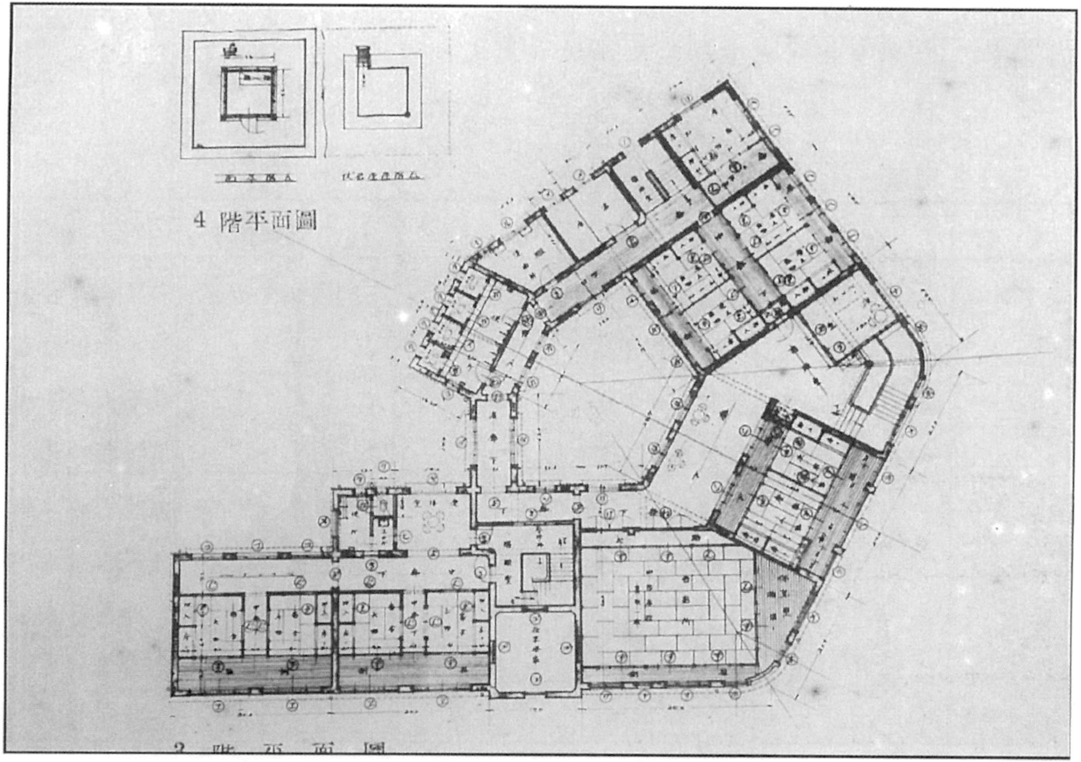
4 階平面圖
2 階平面圖

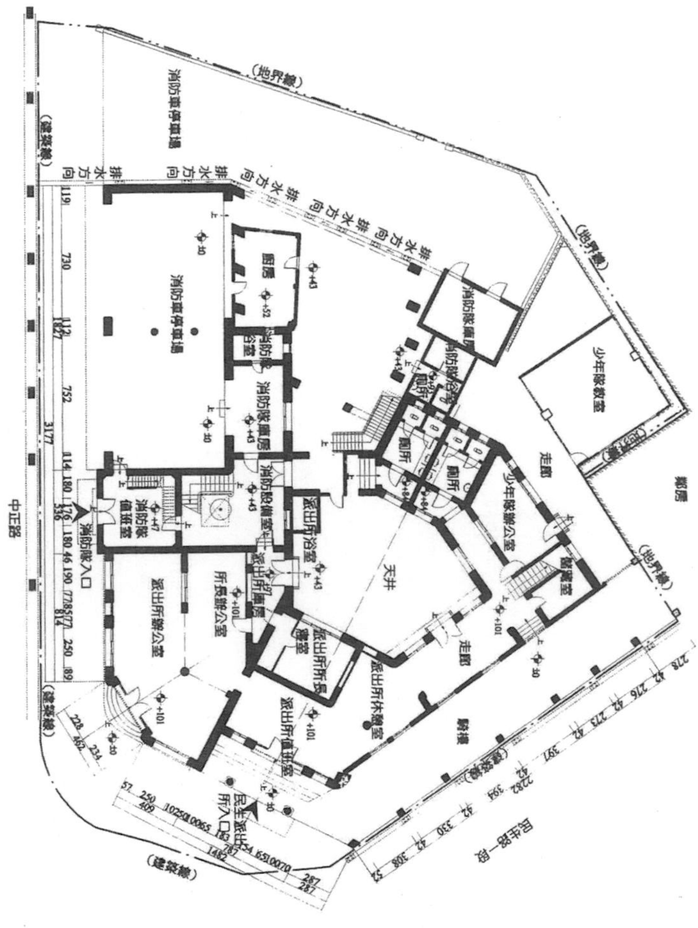

原臺南合同廳舍一樓平面現況圖

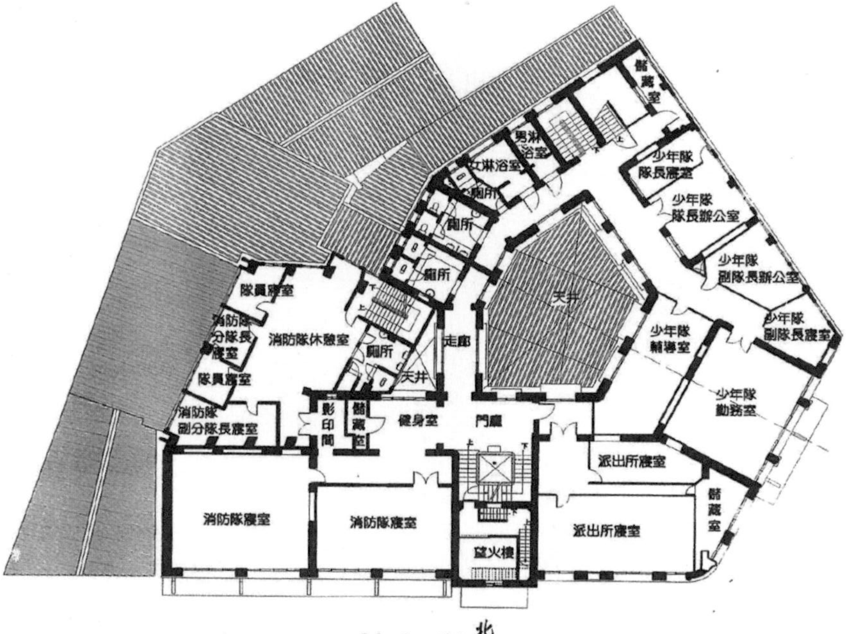

原臺南合同廳舍二樓平面現況圖 0 1 3 6M 北

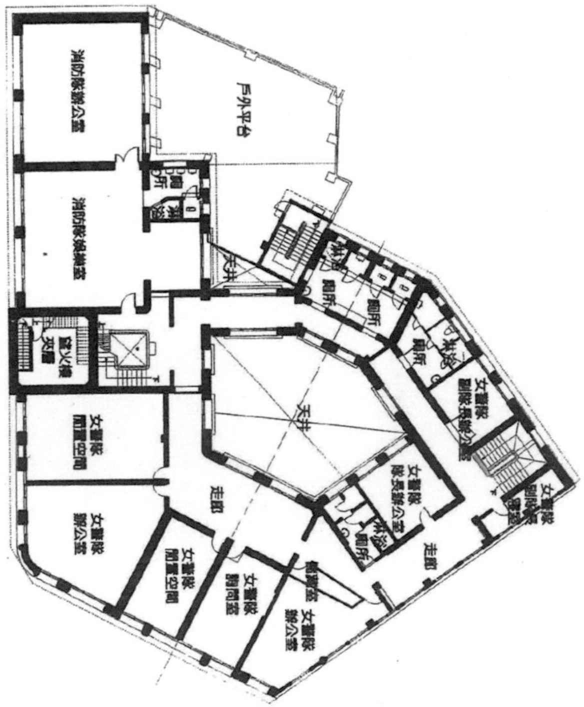

原臺南合同廳舍三樓平面現況圖

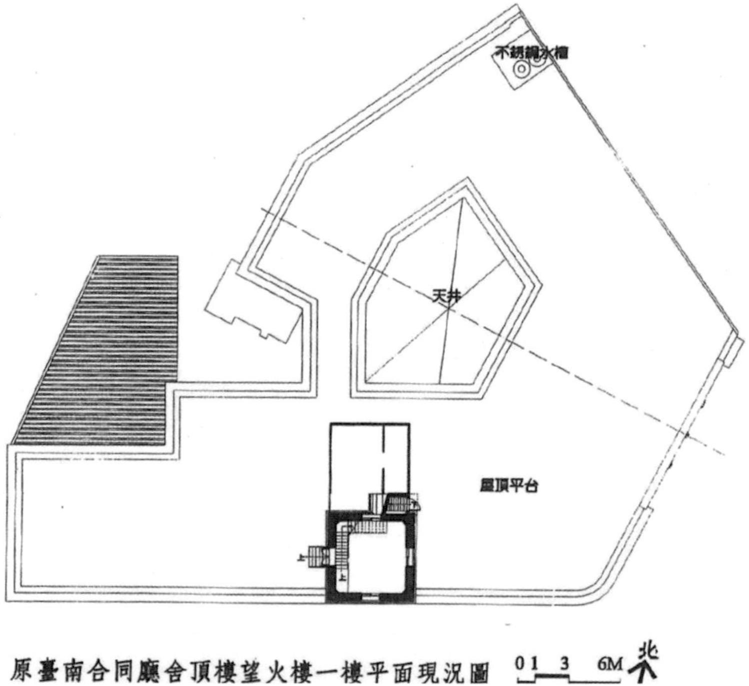

原臺南合同廳舍頂樓望火樓一樓平面現況圖

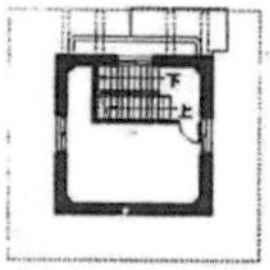

望火樓二樓

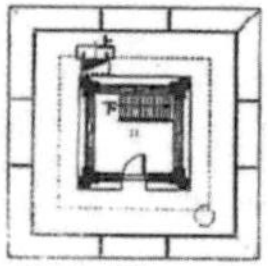

望火樓三樓

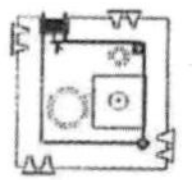

望火樓頂樓

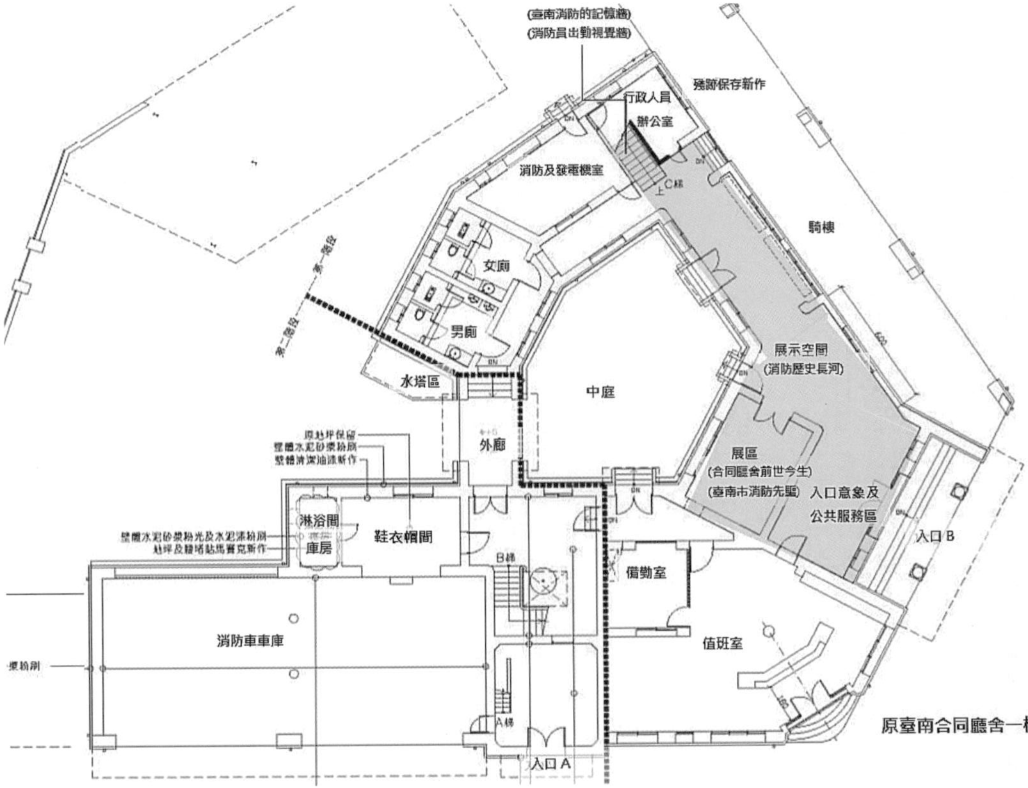

原臺南合同廳舍一樓平面圖

二〇一九年原臺南合同廳舍現況使用及展覽空間平面圖

（修改自徐裕健建築師修復工程圖及臺南史料館展覽圖）

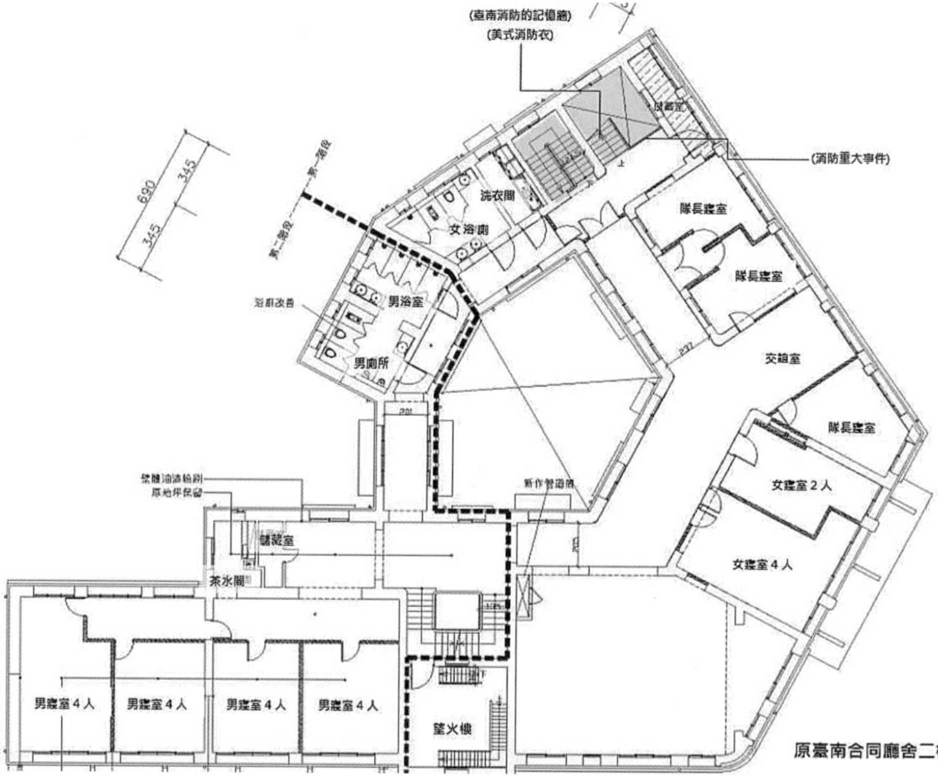

原臺南合同廳舍二樓平面圖

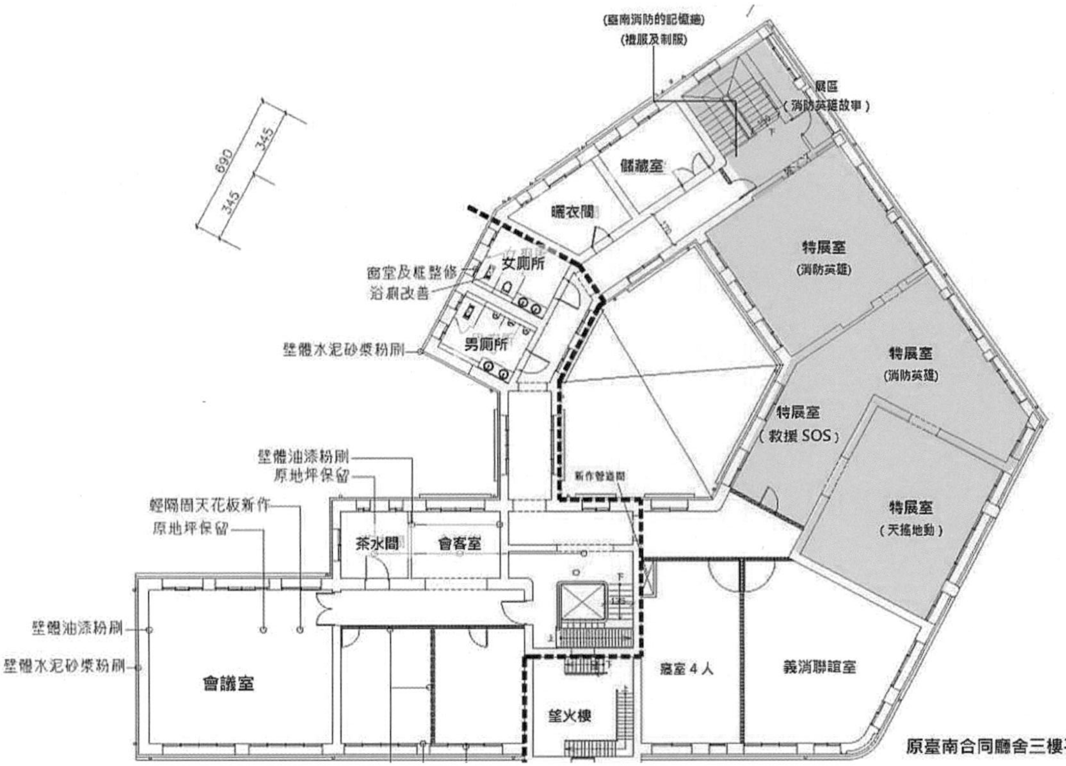

原臺南合同廳舍三樓平面圖

大臺南文化資產叢書 第9輯

府城守護者：
臺南合同廳舍的時空記憶

作者 吳建昇
發行人 葉澤山
審稿 陳嘉基
策劃主辦 臺南市文化資產管理處
總策劃 林喬彬
策劃 李雪慈、王世宏、許書維
執行編輯 侯雅馨、郭怡均
編印發行 蔚藍文化出版股份有限公司
社長 林宜澐
總編輯 廖志墭
執行編輯 潘翰德 林韋聿
封面設計 林婉筑
內文排版 林婉筑

出版 臺南市政府文化局
臺南市安平區永華路二段六號十三樓
06-2149510（愛國婦人館）
publications.culture.tainan.gov.tw

蔚藍文化出版股份有限公司
110 台北市信義區基隆路一段一七六號五樓之一
02-2243-1897
www.facebook.com/AZUREPUBLISH
azurebks@gmail.co

總經銷 大和書報圖書股份有限公司
24890 新北市新莊區五工五路二號
02-8990-2588

法律顧問 眾律國際法律事務所
著作權律師 范國華律師
02-2759-5585
www.zoomlaw.net

印刷 世和印製企業有限公司
定價 新臺幣 四百五十元
ISBN 9789865504892
GPN 1011101747
初版一刷 二〇二二年十二月

國家圖書館出版品預行編目(CIP)資料

府城守護者：臺南合同廳舍的時空記憶 / 吳建昇作.
— 初版. — 臺北市：蔚藍文化出版股份有限公司；臺南市：臺南市政府文化局，2022.12
288面；13x19公分. —（大臺南文化資產叢書. 第9輯）
ISBN 978-986-5504-89-2（平裝）

1.古蹟 2.歷史性建築 3.歷史 4.臺南市
733.9/127.6 111014010